AF536358

Hudson Taylor

Ein Abenteuer beginnt

4

Catherine MacKenzie

1. Auflage 2019
2. Auflage 2023

Originaltitel: An Adventure Begins

Eckenhagener Str. 43
51580 Reichshof-Mittelagger
www.voh-shop.de
Übersetzung: Hermann Grabe
Lektorat, Cover und Satz: Voice of Hope
Coverbild: Jeff Anderson

Bestell-Nr. 875.434
ISBN 978-3-947102-34-1

ISBN 978-3-947102-79-2 – eBook

Soweit nicht anders vermerkt, wurden die Bibelzitate der Schlachter-Bibel 2000 entnommen.

Inhaltsverzeichnis

Der Beginn des Abenteuers

1

Es gibt eine Redensart, die lautet: »Verrückte Hunde und Engländer gehen in der Mittagssonne spazieren.« Die drückende Hitze der Sonne in China treibt die meisten Fremden in den Schatten oder in ein kühles Bad – aber nicht alle.

»Fremder Teufel! Fremder Teufel!« Diese Rufe waren überall auf der belebten chinesischen Straße zu hören, wo Menschenmengen aus hohen Häusern und verfallenen Hütten strömten. Verwahrloste Kinder hörten zu spielen auf, um herauszufinden, warum die Leute zusammenliefen. Einige starrten den Fremden furchtlos an, wie er da die Straße entlangging. Andere hatten Angst und versteckten sich hinter den Röcken ihrer Mütter oder älteren Schwestern.

Prächtig geschmückte chinesische Tempel und hohe, starke Stadtmauern täuschten über die furchtbare Armut der meisten Bewohner Schanghais hinweg. Armut war für die meisten tägliche Realität.

»Fremder Teufel!« Das Geschrei wurde lauter. »Seht ihn euch an mit seinem komischen gelben Haar und einer Haut, die wie Ziegenmilch aussieht! Schaut doch bloß seine Augen an, die so hell sind wie eine Blume! Es ist seltsam, so viele Farben an einer einzigen Person zu sehen.« Alte Omas und junge Frauen diskutierten mit großem Vergnügen über jeden Quadratzentimeter dieses sonderbaren Fremdlings. »Seht euch doch nur die komischen Knöpfe auf der Vorder- und auf der

Rückseite seines Mantels an! Warum hat er sowohl vorne als auch hinten an seiner Kleidung Knöpfe?«

Die Chinesen trugen nur einfache, locker sitzende Kleidung; aber dieser Fremde trug pompöses und aufwendig gemachtes Zeug, was keinen Sinn zu haben schien. Chinesische Männer trugen Zöpfe, die am Rücken herabhingen, und das übrige Haar war geschoren; doch der Fremde hatte überall auf dem Kopf Haare, so hell wie Stroh.

Junge Männer folgten dem gelbhaarigen Fremden mit einigen Schritten Abstand. Sie trugen große Körbe, die an langen Bambusstangen hingen. In den Körben lagen die unterschiedlichsten Dinge, die auf einem der vielen Märkte in Schanghai verkauft werden sollten. Ein Mann trug die Stange an einem Ende und ein anderer am anderen, und daran hing der große, schwere Korb, der in der Mitte hin und her schaukelte. Sie kicherten über den fremden Mann, und der fühlte sich verlegen und höchst unwohl. Er besah sich seine Kleidung und die der anderen Leute rings um ihn herum. Er stellte auch fest, dass sie ihn alle anstarrten. In der Hand trug er ein großes Buch und einige Blätter Papier. »Er will sicher zum großen Platz, wo man sich gewöhnlich versammelt«, sagte eine alte Großmutter. »Er muss uns etwas Wichtiges zu sagen haben.«

Magere alte Hühner jagte man mit einem Tritt aus dem Weg, und Babys band man sich mit Tragetüchern auf den Rücken, während man dem bleichgesichtigen Fremden folgte.

Die Frauen konnten auf ihren winzigen, gebundenen Füßen nur sehr schlecht gehen. Überall in China hatten die Eltern ihren Töchtern schon in sehr frühem Alter die Zehen mit festen Bandagen unter ihren Füßen festgebunden. Das behinderte das Wachstum der Füße. Man wollte damit erreichen, dass sie später winzige, zierliche Füße hätten, was die Chinesen sehr schätzten. Keine Frau mit großen Füßen durfte damit rechnen, einen Mann zu bekommen. Männer mochten große Füße nicht. Große Füße galten als unattraktiv. Außerdem war man sich sicher, dass einem eine Frau mit solch kleinen Füßen nicht davonlaufen konnte. Man holte sie ganz leicht wieder ein.

Immer mehr Stimmen mischten sich in das allgemeine Gewirr.

»Da kommt er, da kommt er, der ›fremde Teufel‹ mit seinen komischen Kleidern!« Männer, Frauen, Kinder, Hunde und auch ein oder zwei schreiende Esel trugen zum Chaos bei. Der junge Fremde räusperte sich verlegen. Er begriff sehr wohl, dass vor allem seine Kleidung die Menge so sehr belustigte. Die jungen Männer und Frauen, die Bauern und Kaufleute, die kleinen Kinder, ja selbst die Babys starrten ihn an. Ein Schweißtropfen fiel von seiner Nasenspitze. Mit einem weißen Taschentuch wischte er sich den Schweiß ab, was noch mehr Heiterkeit hervorrief.

»Haha! Seht ihn nur an, er wischt sein Gesicht mit einer großen weißen Fahne ab! Die noch weißer ist als sein Gesicht!« Wieder hüstelte er und betete flehentlich darum, dass die Leute doch nicht ihre Zeit damit verschwendeten, ihn auszulachen, sondern dass sie zuhörten, was Gott ihnen zu sagen hat.

Als er zu sprechen begann, war die Menge überrascht: Diese schmalen rosafarbenen Lippen sprachen ein richtig gutes Chinesisch!

»Mein Name ist Hudson Taylor, und ich habe eine sehr lange Reise gemacht, um euch von dem einen wahren Gott zu erzählen. Er ist es, der Himmel und Erde und auch euch gemacht hat! Und Er hat allen Menschen geboten, Ihn zu lieben und Ihm zu dienen; denn Er ist ein heiliger Gott, der die Sünde hasst. Ich sage euch die Wahrheit.«

Ein chinesischer Kaufmann stand am Rand der Volksmenge. Auch er war neugierig, zu erfahren, was hier vor sich ging. »Er sagt, dass er uns die Wahrheit sagen will? Ich habe von diesen fremden Barbaren gehört. Sie kommen von weit her, weit entfernt vom Reich der Mitte; sie kommen von dort, wo die Wilden hausen. Sie haben nichts gelernt und kennen keine Manieren. Darum verstehe ich nicht, warum ihm hier all die Leute zuhören.« Der junge chinesische Kaufmann legte die Baumwolltücher nieder, die er an diesem Tag auf dem Markt verkaufen wollte, und hörte zu, was der Fremde zu sagen habe.

Der erhob nun laut seine Stimme, damit man ihn trotz des Lärms ringsumher verstehen könne:

»Der Gott, der Himmel und Erde erschaffen hat und auch den riesigen Jangtse-Fluss, der bei uns vorbeifließt, will nicht, dass wir ohne Hoffnung seien. Er liebt uns und will uns unsere Sünden vergeben. Er will, dass wir zu Ihm zurückkehren und mit Ihm leben. Aber Gott muss die Sünden mit dem Tod bestrafen! Daher sandte Er Seinen Sohn, Jesus Christus. Der lebte bei uns auf der Erde; aber Er tat nie eine Sünde. Er war vollkommen. Er kam als kleines Kind auf die Erde. Er heilte die Kranken, machte, dass die Lahmen wieder gehen konnten, und erweckte Tote wieder zum Leben. Er führte ein vollkommenes Leben, anders als wir es tun; und dann starb Er an Stelle der Sünder, die an Ihn glauben. Unsere Bosheit fordert Gottes Zorn heraus, und wegen unserer Sünden haben wir den Tod verdient. Aber Jesus Christus starb, damit wir leben können, und nach drei Tagen kehrte Er ins Leben zurück! Der Tod hatte Ihn nicht besiegt.«

Laute des Erstaunens und des Unglaubens waren überall zu hören. Der chinesische Kaufmann stand nachdenklich da und hielt die Hand ans Kinn. Da war etwas Wahres dran. Das merkte er ganz deutlich. Keine andere Botschaft hatte ihn so ergriffen, wie es die Geschichte von Jesus tat. Der Kaufmann hatte es schon mit etlichen Religionen versucht, auch mit dem Buddhismus. Dieser Jesus Christus war anders.

Der Fremde übertönte das allgemeine Gerede. »Wenn ihr Buße tut, Christus glaubt und vertraut, werdet ihr für immer bei Ihm leben. Wenn ihr aber nicht an Christus glaubt, werdet ihr nach eurem Tod dem ewigen Gericht entgegengehen!«

Die Menge verwunderte sich über diese erstaunliche Rede. Einige lachten über diesen »eigenartigen Fremden« und über seine »törichte Geschichte«.

Der chinesische Kaufmann nahm seine Baumwolltücher wieder auf und ging fort, ohne ein Wort zu sagen.

Der junge Missionar Hudson Taylor seufzte, als er den Mann um die Ecke verschwinden sah. Der Kaufmann blickte noch einmal auf den schweren schwarzen Anzug zurück und auf das sandfarbene Haar und fragte sich dabei: »Wer mag dieser Hudson Taylor sein, und weshalb kommt er zu uns in diese Stadt?«

Der Beginn in Barnsley

2

Hudson Taylors Reise nach China begann eigentlich an dem Tag, als er geboren wurde, wenn nicht sogar noch früher. Seine tatsächliche Reise nach China fing im September 1853 an. In jener Nacht heulte der Sturm um das Haus, rüttelte an den Schornsteinrohren und jagte die trockenen Blätter rund um die alte Apotheke in Barnsley, in der Grafschaft Yorkshire. Dort wohnte nämlich die Familie Taylor.

Hudson schlief ruhig in seinem eigenen Bett und schnarchte unter der dicken, wattierten Decke. Ein friedliches, sanftes Gesicht blickte mit blauen Augen durch die Tür. Hudsons Mutter flüsterte: »Schlaf gut, mein Kind!« Dann schloss sie die Tür leise und schlurfte den Flur entlang zu ihrem Zimmer. »Ich sage immer noch ›Kind‹ zu ihm, obwohl er längst lange Hosen trägt und drauf und dran ist, um die halbe Welt zu reisen.«

Mrs. Taylor erschauerte, weil der Zugwind um ihre nackten Füße strich. »Wenigstens habe ich ihn zu Hause; aber für wie lange noch?« Sie widerstand der Versuchung, noch einmal in sein Zimmer zurückzukehren, um ihm seine wirren blonden Locken von der Stirn zu streichen. Es fiel ihr schwer, daran zu denken, dass jemand, den sie so sehr liebte, sie verlassen würde. Diesmal ging es nicht um eine Reise nach Hull oder nach London – in nur noch wenigen Wochen würde ihr Sohn auf einem Schiff sein, das nach China unterwegs war. Obwohl ihr Mann ihr immer wieder versicherte, dass China ein hoch zivilisiertes Land sei, mit vielen intelligenten Menschen, bekam sie doch jedes Mal einen Kloß in den Hals bei dem Gedanken, ihr junger Sohn sollte dort ganz auf sich selbst gestellt leben.

Auf Zehenspitzen schlich sie ins Schlafzimmer, wo ihr Mann leise schnarchte. Anstatt ins Bett zu gehen, setzte Mrs. Taylor sich, mit einem Schal um die Schultern, in einen Sessel am Fenster.

Mr. Taylor schnarchte weiter. Seine Frau seufzte. »Er kann immer so leicht einschlafen!« Ein plötzlicher Windstoß löschte die Kerze. Schnell stand sie auf, um sie wieder anzuzünden. Sogleich kuschelte sich Mrs. Taylor in eine warme Decke und begann zu schreiben.

Sie erinnerte sich an die strikten Regeln, die sie ihren Kindern in der Vergangenheit beigebracht hatte; eine derselben lautete: Niemals im Bett lesen! Allein der Gedanke, sie könnten ihre Bettdecken in Brand setzen, wenn die Kerze umkippen sollte, reichte aus, um das Lesen im Bett zu verbieten. Darum setzte sie sich jetzt in den Sessel, um etwas in ihr Tagebuch einzutragen. Es sah zwar alt und verschlissen aus; aber es berichtete von ihren Gedanken, Gebeten, Hoffnungen und Träumen. Natürlich braucht man für eine dankbare Verbindung mit Gott weder Feder noch Papier; aber wenn sie alles aufschrieb, was sie bekümmerte und was sie erlebt hatte, dann hatte sie später etwas, auf das sie zurückschauen konnte.

»Es ist erstaunlich«, dachte sie, »wieviel Grund ich habe, um Gott dankbar zu sein. Allein wenn ich all diese alten Tagebucheinträge durchlese, wird mir klar, wie oft Gott über uns allen gewacht hat.« Ein Strahl des Mondlichts traf ihre Augen. »Damals schien auch der Mond, als James zum ersten Mal den Mut fasste, mich nach Hause zu begleiten.«

Sie blickte zu dem »alten« James Taylor hinüber. Während er ein- und ausatmete, bewegte sich sein langer Backenbart auf und ab. Mrs. Taylor musste unwillkürlich lächeln. Dann sah sie zum Mond hinauf, der durchs Schlafzimmerfenster leuchtete, und das erinnerte sie an jenen Abend, als ihr damals zukünftiger Bräutigam sie das erste Mal nach Hause brachte. Sie lächelte, während sie schrieb:

Ich war ganz begeistert von dem jungen James Taylor, ohne auch nur daran zu denken, er könnte Ähnliches empfinden. Doch dann kam er plötzlich auf mich zu und sagte: »Miss Hudson, Sie haben heute Abend wunderschön gesungen.«

Ich war erst 16 Jahre alt und die Tochter des Methodistenpfarrers und besaß eine so schöne Stimme, dass man mich überall nur »die Nachtigall« nannte. An diesem Abend hatte ich eine Reihe Choräle und geistlicher Lieder für eine Gruppe von Freunden gesungen. Mein Vater war der örtliche Pfarrer, und alle mochten es, seine junge Tochter singen zu hören.

»Man nennt Sie ›die Nachtigall‹, nicht wahr? Und ich begreife auch, warum.« James errötete hinter seinem Schnurrbart, den er seit Kurzem trug. Er war erst 17 Jahre alt, und es hatte ihn Monate gekostet, Mut zu fassen und mich anzusprechen. Nun fürchtete ich, er werde alles zerstören, weil er gleich vor übergroßer Schüchternheit hektisch aus dem Zimmer rennen würde. Aber nein! Ich lächelte ihn herzlich an, und er lächelte zurück.

James flüsterte: »Darf ich Sie nach Hause begleiten?« Dann räusperte er sich verlegen und sagte noch leiser: »Es wäre mir ein Vergnügen!«

Ganz verdattert konnte ich mein Glück kaum fassen. Ich nickte sittsam. Ich war eine Erzieherin in einer örtlichen Familie; er war Lehrling in Rotherham und ein fleißiger Arbeiter. Unsere beiden Familien hielten unsere Verbindung für gut. So kam eins zum anderen, und sieben Jahre später, im April 1831, heirateten wir. Ja, und jetzt wohnen wir hier in 21 Cheapside, Barnsley. Ich bin sehr viel älter geworden und habe etliche Fältchen um die Augen. Auch bin ich nicht mehr so hübsch und schlank wie damals, und niemand nennt mich mehr »die Nachtigall«.

Mrs. Taylor seufzte und stand auf, um sich noch ein Glas Wasser zu holen.

Ich bin sehr dankbar, dass Gott James und mich errettet hat und wir uns im Glauben einig sind. Gott steht überall an erster Stelle.

Ich hätte niemals einen Mann heiraten können, der Christus nicht liebt. Herr, ich danke Dir, dass Du mir einen Mann gegeben hast, der Dich liebt. Deine Liebe ist die beste Liebe. Und sie ist so viel stärker als jede andere.

Ich erinnere mich an diese ersten gemeinsamen Monate, in denen es uns immer wieder als etwas Neues vorkam, einfach zusammen zu sein. Welch kostbare Zeiten hatten wir beide mit dem Herrn und mit Seinem Wort! Jeden Morgen nahmen wir uns Zeit, die Bibel zu studieren, denn wir wollten in der Gnade und Erkenntnis unseres Herrn wachsen. Gottes Wort wurde uns immer kostbarer – wir haben erfahren, dass es sich immer direkt an unsere Herzen richtet. Einmal zeigte der Herr uns, dass wir völlig abhängig von Ihm sind und nichts ohne Ihn tun können; ein anderes Mal, wie viel Sünde und Eigenliebe in uns ist, und dass wir täglich aus Vergebung leben.

Ich erinnere mich noch ganz besonders an einen Morgen. Die Bibel lag vor uns, aufgeschlagen im zweiten Buch

Mose, und James sprach mit mir über eine Bibelstelle, die ihn besonders beeindruckte. Es handelte sich um einen Teil des 13. Kapitels aus dem 2. Buch Mose und einige ähnliche Verse aus dem 4. Buch Mose.

»Lies hier: ›Heilige Mir alle Erstgeburt‹, und: ›Alle Erstgeburt gehört Mir.‹«

Ich folgte seinem Finger, während wir lasen. Was wollte James mir klarmachen?

Ich zog mich in meinem Stuhl hoch, um es mir etwas bequemer zu machen. Diese erste Schwangerschaft machte mir wirklich viel zu schaffen. Ich konnte nicht lange auf einer Stelle sitzen und wurde fast immer von irgendwelchen Leiden geplagt.

Lang und ernst war das Gepräch, das mein Liebster und ich nun in freudiger Erwartung auf unser Kind führten. Plötzlich fühlte ich eine kleine Ferse oder Faust, die sich ausstreckte und mir in die Seite boxte.

James sah mir ins Gesicht. »Unser Kleines wartet darauf, in diese Welt einzutreten, und wir werden vor einer bisher unbekannten Herausforderung stehen. Welches bessere Willkommen könnten wir dem Baby bereiten, als es unserem treuen Vater anzubefehlen und Ihn um Weisheit und Rat bei der Erziehung zu bitten?!

Also knieten wir uns nieder und flehten Gott um Hilfe an. Unser Wunsch war, dass dieses Kind Ihm dienen und brauchbar in Gottes Hand werden möge. Wir brauchten Ihn, um als »gute Hirten« unser Kind zu führen und zu versorgen. Nur Er kann neues Leben schenken, damit unser Sohn oder unsere Tochter Ihm in Hingabe und Liebe dient. »Unser Vater im Himmel, bitte nimm Du dieses Kind, diese Familie, unsere ganze Zukunft, unser aller Leben in Deine Hände. Dein Wille geschehe und Dein Name sei verherrlicht!«

Der Morgen brach an, und die Geräusche im Mädchenzimmer nebenan weckten Mrs. Taylor sachte auf. Sie streckte sich und lächelte über die Erinnerungen und Träume der vergangenen Nacht.

Der Traum, eine junge, erwartungsfrohe Mutter zu sein, war verflogen – auch der Traum, einen neugeborenen Sohn im Arm zu halten. Der 21. Mai 1832 war eine schöne, aber ferne Erinnerung geworden. Hudson Taylor war jetzt ein junger Mann und nicht mehr der kleine Junge.

Andere Erinnerungen kamen ebenfalls in ihr Gedächtnis, Erinnerungen an ihren kleinen Sohn William, der starb, bevor er acht Jahre alt geworden war. Es waren Erinnerungen an viel Wachen und Beten wegen all ihrer kleinen Kinder. William und Hudson waren als Kinder sehr eng miteinander verbunden, und Hudson vermisste ihn immer noch sehr. Immerhin fühlte er sich jetzt eng mit Amelia, seiner Schwester, verbunden. So eng sogar, dass dadurch alle anderen fast ausgeschlossen waren.

Mrs. Taylor hatte ihre älteste Tochter, während sie aufwuchs, beobachtet. Amelia hatte täglich etwas Neues in der Welt um sie herum und bei sich selbst entdeckt. Auch Hudson hatte in letzter Zeit sprunghafte Fortschritte gemacht. Alle ihre Kinder breiteten ihre Flügel aus. Louisa, der Jüngsten in der Familie, ging es vor allem darum, unabhängig zu sein. Sie äußerte stets ihre Ansichten und bestand darauf, ihren Willen durchzusetzen. Hartnäckig verweigerte sie es, etwas zu tun, was ihr nicht passte. Sie war die Einzige in der Familie, die nicht gläubig war. Mrs. Taylor und die anderen machten sich Sorgen um Louisa; aber sie bedrängten sie nicht. Die Mutter betete, Gott möge Seine Hand über alles halten und diesen jungen Freigeist bald zu sich führen.

Dass ihre älteste Tochter, Amelia, schon sehr früh zu Christus gekommen war, freute die Mutter sehr. Es war so schön, dass sie jetzt nicht nur Mutter und Tochter waren, sondern auch Schwestern in dem Herrn Jesus Christus und darum auch wirklich gute Freunde. Keines ihrer Kinder war perfekt. Alle hatten sie ihre Fehler und Unvollkommenheiten. Louisa war eigensinnig. Hudson konnte das auch sein. Amelia war vereinnahmend, besonders in Bezug auf Hudson, und Mrs. Taylor sah manchmal, wie dieses vereinnahmende Wesen Probleme zwischen Amelia und Louisa heraufbeschwor. Solche Probleme waren nicht schwerwiegend und sicher ganz normal in einer Familie, die so eng zusammenhielt wie die ihrige.

Als die Familie erwachte, musste Mrs. Taylor ihre Memoiren zur Seite legen und anfangen, sich auf den neuen Tag vorzubereiten. Da musste Frühstück gemacht werden! Sie ging mit schnellen Schritten den Flur entlang, hielt kurz an, um die wirren Locken aus Hudsons verschlafenem Gesicht zu streichen. »Hudson Taylor«, flüsterte sie ihm ins Ohr, »es ist Frühstückszeit!«

»Mmh«, murmelte Hudson. »Würstchen?«

Bald war das Frühstück vorbei, und Mrs. Taylor setzte sich, um einige Zeit der Ruhe und Stille zu genießen. Mr. Taylor war ins Vorderhaus gegangen, in dem sich die Apotheke befand. Hudson und seine Schwester Amelia liefen die Straße hinunter und unterhielten sich angeregt. Hudson hatte auch Louisa gefragt, ob sie mitkäme; aber sie war zu Hause geblieben und stand nun oben in ihrem Zimmer, wo sie einen Schrank aufräumte und ihre Sachen wieder in Ordnung brachte. Ob Amelia und Louisa Streit miteinander hatten? Mrs. Taylor machte sich Sorgen um ihre Kinder, besonders um Amelia und Louisa. In letzter Zeit schien es, als ob sie sich ein bisschen zu viel zankten.

»Amelia will Hudson immer für sich haben, Herr! Er scheint die Spannungen zwischen den beiden Schwestern nicht zu bemerken. Ich sehe sie aber sehr deutlich. Sie wollen das verbergen; aber sie vergessen, wie gut ich sie kenne. Ich rieche Probleme meilenweit gegen den Wind, besonders wenn es um meine Kinder geht. Amelia und Louisa merken vielleicht, wie die Spannung steigt; denn beiden tut es immer mehr leid, dass Hudson fortgeht.«

Weil sie die Freude, ein wenig Ruhe zu haben, sehr genoss, nahm sie ihr Tagebuch noch einmal auf.

> An diesem Morgen erinnere ich mich, wie ich sah, dass sich ein sandfarbiger Haarschopf über Amelias Bett auf und ab bewegte. Es war später Abend eines herrlichen Sommertages, und Amelia konnte einfach nicht einschlafen. Da hatte Hudson die großartige Idee, ihr eine Geschichte zu erzählen. Allerdings stellte sich bald heraus, dass dies keine Geschichte war, wie man sie zum Einschlafen braucht.
>
> Hudson schrie aufgeregt: »… Der alte Bandit kam angeritten und knallte mit der Peitsche durch die Luft, weil sein altes Pferd es nicht mehr schaffte, vor den Soldaten zu fliehen. Er schlug und schlug das Tier, während sie in die Nacht hinausflohen. Dann sprangen sie über den Zaun (Hudson sprang ebenfalls und schleuderte die Bettdecke durch die Luft).
>
> Jetzt sprangen sie über die Steinmauer! (Ein Kissen flog auf den Fußboden).
>
> Ein breiter, schäumender Fluss lag vor ihnen (Hudson wedelte mit dem Betttuch, um das anzudeuten).
>
> Aber der Fluss war für das alte Pferd zu breit zum Durchschwimmen. Was sollten sie nun machen? Der Bandit knallte nochmal mit der Peitsche. Gerade in diesem Augenblick stieg das Pferd, und der böse alte Räuber flog platschend in die dunkle, schäumende Tiefe. Mit einem

Tritt eines seiner Hinterbeine und mit einem Schlag seines langen Schweifes verschwand das Pferd in der Dunkelheit – endlich frei!«

Es war ja nur eine Geschichte. Trotzdem fühlte ich mich erleichtert, dass das arme alte Pferd die Chance für seine Befreiung wahrgenommen hatte.

Hudson hat viele erstaunliche Gaben von Dir, o Herr, bekommen. Deshalb spielte er am nächsten Abend, bei dem familiären Musikabend, die Flöte, und man fühlte sich durch seine Musik an einen Ort des Friedens und der Ruhe fortgetragen.

Mrs. Taylor überlegte ein wenig, bevor sie weiterschrieb.

Immer wieder habe ich in diesem Raum gesessen und mich gewundert, wie gut ich meine Familie kenne. Wie gut kenne ich aber meinen Sohn? – Es vergeht kein Jahr, in dem ich nicht etwas Neues an einem jeden von ihnen entdecke. Aber, himmlischer Vater, unsere Zeiten stehen in Deinen Händen, und Du kennst jeden verborgenen Winkel unserer Herzen. Es gibt nichts, was wir vor Dir verbergen könnten. Du kennst mich besser als ich selbst, und Deine Liebe ist größer als alles, was aus meinem winzigen, beengten Herzen kommt. Du liebst meine Kinder ebenfalls. Ich weiß nicht, warum Du den kleinen William hast sterben lassen. Ich verstehe auch nicht immer, warum Hudson nach China gehen muss. O Gott, es tut mir leid, dass ich Dir nicht so vertraue, wie ich es tun sollte.

Mrs. Taylor hörte auf zu schreiben, um auf die Uhr zu blicken. »Wo ist die Zeit geblieben?! Ich muss doch noch die Strümpfe stopfen!« Die Bedürfnisse ihrer Familie nahmen sie immer in Beschlag.

Eiligst räumte sie ihr Tagebuch weg und holte den Stopfkorb aus dem Schrank. Mit sauberen, feinen Stichen begann sie einen ganzen Berg von Socken und Hemden auszubessern. Harte Arbeit war ihr nicht fremd. Sie sang leise, während sie die Nadel durch das Gewebe führte.

Die Uhr schlug zwölf, als die beiden Wanderer aus der frischen Luft heimkehrten. Amelia lachte über einen von Hudsons Späßen, und Louisa schlich leise die Treppe hinab, um sich ihnen anzuschließen. Mrs. Taylor betrachtete die drei jungen Leute, als sie schnell den Tisch deckte. »Das Mittagessen ist gleich fertig; Amelia, kannst du mir in der Küche helfen? Louisa hat schon den ganzen Vormittag über geholfen. Jetzt soll sie sich ausruhen.« Amelia errötete, während sie ihrer Mutter in die Küche folgte. Louisa und Hudson saßen zusammen im Wohnzimmer, wo Hudson ihr den gleichen Witz erzählte. Amelia blickte ein wenig ängstlich zu ihrer Mutter hinüber.

»Du hast ja alles schon gemacht, Mutter. Du willst mir doch sicher etwas sagen?«

»Ich will dich nur daran erinnern, Amelia, dass du – genauso wie dein höchst ehrenwerter Bruder – eine noch ziemlich junge, ein wenig wankelmütige kleine Schwester hast. Ich weiß, sie schwatzt gern und macht manches dumme Zeug; aber sie fühlt sich sehr verletzt, wenn du sie ausschließt.«

»Mutter, Hudson bat sie heute Morgen, mitzukommen; aber sie wollte nicht.«

»Hudson hat sie gebeten. Du hast es nicht getan. Und in diesem Fall hast du sicher übersehen, dass das Problem bei dir liegt und nicht bei Hudson.«

Tränen standen der Tochter in den Augen, und das Mutterherz hatte Mitleid mit ihr. Sie nahm sie in die Arme und flüsterte: »Wenn das Problem bei dir liegt, ist auch die Lösung deine Sache. Alles, was du brauchst, ist: Gebet, Geduld und ein bisschen Mitempfinden.«

Amelia erwiderte die Umarmung. Sie gestand sich ein, neidisch auf jeden Augenblick zu sein, den Louisa mit Hudson verbrachte. Allzu lange hatte sie ihren Bruder für sich allein gehabt und ihre Schwester dabei ausgeschlossen. Sie unterdrückte die Tränen und entschuldigte sich: »Es tut mir leid, Mutter, das habe ich nicht richtig gemacht. Anstatt mit Louisa zu streiten, sollte ich sie liebhaben. Anstatt Hudson für mich allein haben zu wollen, sollte ich auch mit Louisa Zeit verbringen. Ich will mir Mühe geben.«

Mrs. Taylor drehte sich zu ihrer jungen Tochter um: »Bedenk doch bloß, dass deine Schwester Louisa noch keinen Frieden mit Gott hat. Streite nicht unnötig mit ihr, und verletze sie niemals. Liebe deine kleine Schwester ins Himmelreich hinein. Bete unablässig für sie. Du hast für Hudson gebetet – so tu es auch für Louisa.«

Amelia schloss die Küchentür und lehnte sich dagegen. »Herr, mein Gott, es tut mir leid, dass ich sie nicht in einer Weise geliebt habe, wie ich es hätte tun sollen. Bitte bewirke, dass Louisa Dich auch liebt! Hilf mir, dass ich ihr so zugeneigt werde, wie ich es Hudson gegenüber bin! Aber, Herr Jesus, bitte hilf mir, dass ich keinen von beiden mehr liebe als Dich! Ich will Dich am allermeisten lieben, mehr als irgendjemanden sonst.«

Schnell ging Amelia zu Hudson und Louisa ins Wohnzimmer. Hudson ließ seine beiden Eichhörnchen aus dem Käfig, und die beiden pelzigen Tierchen verursachten ein großes Chaos, weil sie an den Gardinen hochkletterten.

»Hilf mir, Amelia«, lachte Hudson. »Hilf mir, sie einzufangen, bevor sie das ganze Zimmer auf den Kopf stellen!«

Nachdem die Familie ein weiteres Mahl zu sich genommen hatte, wusch Mrs. Taylor schnell das Geschirr und das Besteck ab. Eilig schüttelte sie noch die Krümel von der Leinen-Tischdecke. Und als alles abgewaschen und weggeräumt war, nahm sie schnell wieder ihr Tagebuch hervor, um in wenigen Minuten etwas hineinzukritzeln, was ihr während des Abendbrots eingefallen war und was sie festhalten wollte:

> Ich erinnere mich, dass die Kinder damals, als sie noch sehr klein waren, einen Tag im Haus verbrachten. Sie waren herumgestürmt und hatten allerlei Unfug angestellt. Ich war nervös und fühlte mich gehetzt. Den ganzen Tag über hatte ich keinen Augenblick für mich allein gehabt, und ich war körperlich am Ende. Hudson hatte sich von seinem letzten Fieberanfall erholt, aber ich war immer noch sehr besorgt um ihn. Es war schrecklich, ihn immer drinnen halten zu müssen, aber ich konnte ihn mit Essen ködern. Es wirkte Wunder, wenn man ihm ein schönes Stück Apfelkuchen versprach.
>
> Hudson saß wie gewöhnlich am Esstisch und wartete geduldig. Alle aßen genüsslich ihre Suppe und ihr Brot – naja, fast alle. Hudson seufzte leise, während er am Tisch saß und geduldig wartete. Er hatte schon lange intensiv auf die Suppenschüsseln seiner Schwestern gestarrt.
>
> An diesem Tag war bei uns von Früh bis Spät etwas los gewesen. Alle meine weiblichen Verwandten hatten mir erzählt, Kinder solle man zwar sehen, aber nicht hören können. Sie hatten offensichtlich noch nie weniger als eine Meile von Taylors Haus entfernt gewohnt. Meine kleinen Lieblinge trieben mich manchmal zur Verzweiflung!
>
> Aber Hudson seufzte wieder, starrte auf die Schüsseln seiner Schwestern und schien immer noch geduldig zu

warten. Aber worauf denn? Armer Hudson! Niemand hatte auf ihn geachtet. Alle schlürften genüsslich ihre Suppe, und niemand nahm auch nur die geringste Notiz davon, dass er der Einzige war, der überhaupt nicht aß. Und er aß nichts, weil ihm niemand etwas zu essen gegeben hatte. All die schönen, dampfenden Schüsseln mit Gemüsesuppe waren aufgetragen worden, doch seine nervöse und gehetzte Mutter hatte ihn vergessen.

Weil man von den Kindern erwartete, dass sie bei Tisch erst etwas sagten, wenn sie von einem Erwachsenen angesprochen wurden, gab es für ihn keine Möglichkeit, sich zu melden. Er war ein sehr ernsthafter kleiner Junge. Selbst als Amelia ihm mit den Augen andeutete, etwas zu sagen, gab es für ihn keine Möglichkeit, sich zu melden. Unser kleiner Mann war einfach wohlerzogener, als es für ihn gut war. Darum saß er nur da und seufzte und wartete geduldig. Aber es gab noch eine Möglichkeit, die Aufmerksamkeit auf die Tatsache zu lenken, dass er keine Suppe hatte – und die bewegte sich innerhalb der Regeln. Ihm war erlaubt, jemanden zu bitten, ihm das Salz zu reichen.

»Würde mir bitte jemand das Salz herüberreichen?«, fragte er behutsam. Ich drehte mich zu ihm um und erblickte Hudsons kleines, vor Aufregung zitterndes Gesicht. »Natürlich, Hudson, bitte schön! O Hudson! Es tut mir leid – deine Suppe!« Und damit rannte ich hinaus in die Küche, um auch ihm eine Schüssel zu bringen. Hudsons nächster Laut war ein Seufzer der Erleichterung, als er den Löffel in die leckere Gemüsesuppe tauchte.

Jetzt aber muss ich sofort zu den Problemen des heutigen Tages zurückkehren. Wir müssen abschließend die Liste für Hudsons Gepäck überprüfen. Wir müssen sicher sein, dass er alles Nötige hat, bevor wir es für die Seereise zusammenpacken. Heute Nacht werde ich wohl kaum noch Zeit finden, etwas in mein Tagebuch zu schreiben.

Nachdem sie früh zu Bett gegangen war, schlief sie auch bald ruhig ein. Sie merkte nicht einmal, dass ihr Mann zu Bett ging, als die Uhr zehn schlug. Auch hörte sie nichts von der gedämpften Unterhaltung ihrer Kinder, als diese noch viel später in ihre Zimmer gingen. Und nach einer so früh begonnenen Nacht wachte sie vergnügt und gut erholt auf. Es war noch viel zu früh, das Frühstück vorzubereiten; aber es war genau die richtige Zeit, einen Spaziergang zu machen. Wenn sie ihr Tagebuch mitnahm und ein trockenes Plätzchen finden könnte, hätte sie sicher Gelegenheit, noch einige Zeilen hineinzuschreiben, bevor sie zurückgehen musste, um den Tisch zu decken und den Ofen anzuzünden.

»Ich brauche einfach ein kleines bisschen Ruhe und Einsamkeit«, sagte sie zu sich selbst. Sie liebte ihren Mann James Taylor sehr. Doch auch er war nicht vollkommen. Manchmal, wirklich nur manchmal, wünschte sie, er würde ihr etwas mehr Freiraum lassen. Er war liebevoll und fürsorglich, aber auch ein bisschen zu beherrschend. Trotzdem war sie sehr stolz auf ihn. Er war ein Apotheker, der aber in Wirklichkeit die Arbeit eines Arztes tat. Die Leute hatten großes Vertrauen zu ihm. Er konnte Fehler großzügig übersehen, obwohl er sehr streng mit sich selbst und den Seinen umging. Doch Mrs. Taylor bewunderte ihn und sah, wie der Herr ihn formte.

Hudson hatte die Schule wegen seiner schwachen Gesundheit in jungen Jahren verlassen. Er war nicht einmal in der Lage, einen Beruf für längere Zeit auszuüben, weil er schlecht sehen konnte. Obwohl sich seine Gesundheit tatsächlich gebessert hatte und seine Familie ihn leicht zur Ausbildung als Mediziner hätte schicken können, fällte Mr. Taylor die Entscheidung, das Geld zu sparen und es nicht für

Hudsons Ausbildung auszugeben. Einige Angehörige waren mit dieser Entscheidung nicht einverstanden, aber niemand stellte sie öffentlich in Frage.

Mrs. Taylor schritt den nahegelegenen Weg entlang, bis sie ein trockenes Plätzchen fand, wo sie sich hinsetzte und den Sonnenaufgang beobachtete. Während die Erde sich langsam erwärmte, wurden auch ihre Finger wärmer, und sie begann, weitere Erinnerungen in ihre Sammlung aufzunehmen.

»Mir wird allmählich klar, dass für Hudson nur noch einige Tage bleiben, bevor er uns verlässt. Dieser kleine Vorrat an Erinnerungen wird uns helfen, an ihn zu denken. Ich werde aufschreiben, worum es gestern Abend ging.«

> Wir hatten gestern einen Abend voller Erinnerungen. Ich habe sogar einige Lieder gesungen, um an frühere Zeiten zu erinnern, und James nannte mich endlich wieder einmal »meine Nachtigall«. Es ist schon so lange her, dass er mich so nannte. Ich las dann aus diesem Tagebuch vor, was ich über die »Suppen-Episode« aufgezeichnet hatte, und Hudson hat laut gelacht. Mit Tränen in den Augen drehte er sich zu mir um und sagte: »Ich erinnere mich, dass ich so lange dasaß und verzweifelt darüber nachdachte, wie ich Mutters Aufmerksamkeit auf mich lenken könnte.« Seine wunderbar blauen Augen strahlten, als er lachte. »Ich war ein sehr hungriger kleiner Junge.« Dann sagte mein lieber Sohn das Allerschönste: »Du weißt, Mutter, ich werde deine Suppe immer vermissen!« James räusperte sich unbeholfen, und Hudson wechselte das Thema. Mein James hasst Verabschiedungen.
>
> Um die Stimmung aufzuheitern, langte Hudson nach hinten, ergriff Amelias lange Schürze und zog kräftig daran. »Wenn du noch Zöpfe tragen würdest, würde ich daran ziehen!«

> Amelia lächelte zurück. Später, als ich zu Bett ging, fragte sie mich: »Konnte er denn nicht sehen, dass ich fast in Tränen ausgebrochen bin? Ich werde ihn ganz schrecklich vermissen.« Ich küsste ihre Wange und sagte ihr, dass sie wirklich äußerst tapfer sei.

Mrs. Taylor schaute sich noch einige Augenblicke den wunderschönen Sonnenaufgang an, bevor sie ihren Spaziergang fortsetzte.

Währenddessen wachte auch Amelia auf und blickte von ihrem Schlafzimmer aus auf den gleichen Sonnenaufgang. Sie hatte in der Nacht von Hudson geträumt, von dem Hudson, wie sie ihn vor Jahren gekannt hatte. Er war ein kleiner Junge in kurzen Hosen, und sie war ein kleines Mädchen mit langen Zöpfen. Gestern Abend am Tisch hatte er sie daran erinnert, wie er so gern daran zog.

> Wir wollten manchmal gern ein Abenteuer erleben, wobei wir draußen ganz allein unbekannte Orte erforschten. Ich erinnere mich noch an den Nachmittag, als Hudson und ich unserem Vater in der Apotheke helfen sollten. Stattdessen rannten wir fort, in den Lunn-Wald. Da gab es weit hinten ein wunderschönes altes Kirchengebäude, wohin wir manchmal gingen, um alles dort zu untersuchen. Das Beste aber war, dass dort keine Erwachsenen hinkamen. Dort fühlten wir uns wirklich frei!

Wie die Mutter, so die Tochter. Auch Amelia hatte Spaß daran, dies und das in ihr Tagebuch zu schreiben. Das hatte sie ihrer Mutter im Laufe der Jahre abgeschaut.

Amelia setzte sich mit ihrem in braunes Leder gebundenen Tagebuch hin und schrieb Folgendes hinein:

Ich erinnere mich, wie ich hinter Hudson herlief und rief: »Hudson! Ich werde dich einholen, ganz sicher!«

»Nein«, schrie er zurück. »Ich kann schneller laufen als du!«

Meine kleinen Beine versuchten, schneller zu werden; aber Hudson war drei Jahre älter, und er hatte schlanke Beine, und schnell bewegen konnte er sie auch.

»Du kannst bloß schneller laufen, weil du so spindeldürr bist!«, gab ich zurück.

»Was hast du gesagt, Pummelchen?« Hudson wusste, wie er mich nennen musste, damit ich ärgerlich wurde.

Ich blieb plötzlich stehen und schrie: »Ich bin kein Pummelchen! Ich bin nur kleiner!«

Hudson lief zu mir her, zog mich an den Zöpfen und floh dann in den nahen Wald. »Kleiner und runder«, kicherte er. Er sprang hinter einen alten Eichbaum, und ich konnte ihn nicht mehr sehen. Jetzt war ich richtig böse! Meine rosaroten Wangen wurden noch roter, und ich rannte hinter meinem gemein kichernden Bruder her. Er hatte immerzu schlimme Namen für mich, und ich war oft böse auf ihn. Plötzlich brach ich in schallendes Gelächter aus, als er auf seinem Hinterteil einen grasbewachsenen Abhang hinabsauste, wobei seine Beine in die Luft ragten. Er sah ziemlich dämlich dabei aus!

»Na, steh nicht so rum, sondern gib mir deine Hand!«

Dummerweise reichte ich ihm meine Hand, und er zog kräftig daran und riss mich ebenfalls den Abhang hinunter. Ich gab Hudson sofort eine tüchtige Ohrfeige, bevor ich wieder nach oben kletterte.

»Komm, wir setzen uns oben auf die Trittleiter«, schlug ich vor. So liefen wir beide, so schnell wir konnten, zu unserem besonders beliebten Ort an der alten Steinmauer.

»Hier bin ich gern«, flüsterte ich. Dieser Friede, diese Ruhe, und dann auch noch der Vogelgesang und die hübschen Blumen, die aus dem jungen Gras blickten – das war alles, was ich brauchte. Heute war keine Louisa da, die sich an mich hängte, und auch keine nörgelnden Eltern waren zu sehen. Hudson seufzte: »Ich bin auch gern hier. Abenteuer zu erleben, macht so richtig Spaß.«

In diesem Augenblick knurrte mein Magen ziemlich laut. »Hudson, ich habe Hunger!«, klagte ich, und sofort sprang er von der Mauer herunter und rief: »Fang mich, Pummelchen«, und dann rannte er quer über den alten Friedhof.

»Was für eine Plage ist doch solch ein Bruder!«, schimpfte ich.

Hudson blickte sich um, um zu sehen, ob ich ihm folgte. Aber immer, wenn ich schmollte, machte ich alles ganz langsam.

»Jetzt komm schon!«, rief Hudson.

Mürrisch, müde und hungrig stieß ich einen Stein gegen ein Grab. »Guck mal, Hudson«, sagte ich ein wenig erstaunt. »Da steht ja ›Anno Domini‹ und die Zahlen 1 und 8 und 3 und 2.«

Hudson blickte auf das Grab. »Ja, du hast Recht. Das heißt: ›Im Jahre des Herrn 1832‹. Was bedeutet das?«, fragte er, um mich zu prüfen.

Ich legte mein Gesicht in Falten und tat, als ob ich das Rätsel zu lösen versuchte.

»Amelia! Ich muss dir aber auch alles beibringen«, seufzte Hudson. »Das bedeutet, dass dieser Mensch in dem Jahr starb, in dem ich geboren wurde. Ich bin 1832 geboren und du drei Jahre nach mir. Das bedeutet, du bist jünger als ich, und ich habe über dich zu bestimmen!«

Und dabei riss Hudson wieder an meinen Zöpfen und rannte daraufhin aus dem Tor. Ich rieb noch die Stelle, wo er an meinem Zopf gerissen hatte, und rief hinter ihm her: »Sagt wer?«

Aber er hörte nicht auf mich; so jagte ich eben hinter ihm her, wobei Schürze und Rock im Wind flatterten.

Meine kleinen dicken Beine gaben ihr Bestes, ihn einzuholen, aber Hudson war schon ein ganzes Stück weiter den Weg hinabgelaufen und sprang nun wie verrückt hin und her. Ich war seine Dummheiten schon langsam gewöhnt. Hudson hatte aber nur einen Gedanken: Wie schön war es doch, draußen sein zu können! Er hatte drei Monate lang im Haus eingesperrt zubringen müssen. Winterlicher Husten und Erkältungen hielten ihn wie einen Gefangenen krank und fiebernd im Bett. Und während er die Arme zum Himmel reckte, lachte er laut: »Ich bin endlich frei und kann tun, was ich will!«

Gerade in diesem Augenblick rollte ein drohender Donner aus einer dunklen Wolke, die von starken Yorkshire-Winden gejagt wurde. Silberne Strahlen zuckten über den Himmel, und hinter uns entluden sich dicke Gewitterwolken von Blitz und Donner und Regen. Ganz schnell waren wir bis auf die Haut durchnässt. Ich hob nur schnell meinen Rock an und rannte. Hudson musste sehen, wie er fertig wurde. Meine kurzen, dicken Beine konnten ganz schön schnell laufen, wenn's drauf ankam.

Hudson stand da im Regen. Er fühlte sich bereits ein wenig ungemütlich. Kleine Regen-Rinnsale liefen an seinem Gesicht herab und verschwanden hinter seinem Hemdkragen. Er war durchnässt und am Frösteln. Als er um die Ecke bog, erblickte er Mutter. Für diesmal war er gerettet!

Die nassen Sachen wurden hinter der Apotheke abgelegt. Mutter stand wartend am Hauseingang. Sie drehte sich zu ihm um und sagte ziemlich ernst, doch ohne laut zu werden: »Oh Hudson!«

Etwas verlegen antwortete er: »Tut mir leid, Mutter!«

Ich erinnere mich, nach einer ernsten Zurechtweisung in mein Zimmer geschickt worden zu sein. Ich war zäh wie ein alter Stiefel. Alles, was ich brauchte, war, ordentlich abgerubbelt und in ein warmes Bett gesteckt zu werden. Dann würde ich am nächsten Morgen wieder frisch wie eine Rose sein. Hudson aber holte sich immer gleich eine Erkältung. Er stand tropfnass im Flur und nieste plötzlich so laut los, dass Mutter in Panik geriet. Ganz schnell verfrachtete sie ihren Sohn in die Küche, wo Töpfe mit Wasser zum Kochen gebracht wurden und man ihn erbarmungslos in der alten Blechbadewanne abschrubbte.

»Wenn du dich wieder erkältet hast, kannst du es dir selbst zuschreiben!«, hielt Mutter ihm vor.

Die Vorbereitung auf die Reise

3

Mrs. Taylor kuschelte sich in ihren Mantel, um sich zu wärmen. Noch einige Augenblicke, dann würde sie nach Hause gehen müssen. Sie hatte noch einen letzten Absatz zu schreiben:

> Ich erinnere mich, wie gern Hudson und Amelia lange Wanderungen in die Umgebung machten. Oft gingen wir hinab in die Lunn-Woods, was die Kinder gewöhnlich als »Abenteuer« bezeichneten. Manchmal nahmen Hudson und Amelia ihre Reifen mit, die sie dann die Abhänge hinablaufen ließen und sich dabei köstlich amüsierten. Louisa pflückte meistens Gänseblümchen, aus denen sie lange Blumenketten flocht, die sie sich um das Haar band. Hudson nahm gewöhnlich eine kleine Schachtel oder einen Beutel mit und sammelte, was unterwegs sein Interesse auf sich zog. Sein Zimmer war voller Pflanzen und Steine und anderer Sammlungen. Mir gefielen die toten Insekten und Schmetterlinge nicht; darum versteckte er sie vor mir unter seinem Bett.

Inzwischen war Amelia nach unten geflitzt. Als sie ihr Tagebuch weggepackt hatte, wurde ihr bewusst, dass sie nicht die üblichen Geräusche aus dem Zimmer ihrer Mutter hörte. Sie war gewöhnlich lange vor allen anderen aufgestanden – wo mochte sie wohl sein? Eine Notiz auf dem Küchentisch beruhigte Amelia: »Bin kurz spazieren gegangen. In Liebe, Mutter!«

»Mutter braucht Zeit für sich selbst, genauso wie ich«, sagte sich Amelia. Somit entschloss sie sich, mit der Vorbereitung des Frühstücks zu beginnen und zuerst Feuer zu machen.

Etwas später öffnete sich knarrend die Hintertür. Eine rotwangige Mutter wurde mit einem Windstoß hereingeblasen.

»Oh, prima, Amelia! Ich wusste, dass ich mich auf dich verlassen kann. Der Tisch ist ja schon gedeckt! Wunderbar. Haben wir noch Zucker und Salz?« Mrs. Taylors Blicke wanderten in Küche und Esszimmer umher, um zu sehen, ob noch irgendetwas fehlte.

Amelia blickte neugierig ihre Mutter an. »Was hast du so gemacht?«, fragte sie.

»Ich wollte für eine Weile nach draußen gehen und beten. Außerdem habe ich auf der Steinmauer gesessen und in meinem Tagebuch geschrieben, als die Sonne über den Hecken aufging.«

Amelia lächelte, weil es genauso gewesen war, wie sie es sich gedacht hatte. Sie sah, dass Mutters Tagebuch noch in ihrer Manteltasche steckte.

»Ich habe mich sehr über das gefreut, was du gestern Abend vorgelesen hast, Mutter. Das hat manche Erinnerungen in mir geweckt. Ich sollte alle meine alten Tagebücher durchgucken. Und ich habe heute schon einige eigene Erinnerungen aufgeschrieben.«

»Gut gemacht, Amelia. Sag mal, wie kommst du eigentlich mit Louisa aus?«

Amelia seufzte erleichtert. Sie hatte viel darüber nachgedacht. »Louisa und ich kommen jetzt sehr viel besser miteinander aus. Es ist doch dumm, sich zu streiten; aber dass sie meine Tagebücher liest, ohne mich zu fragen, finde ich unerhört. Ich weiß natürlich auch, dass ich in der Vergangenheit ihre Gefühle verletzt habe. Ich beziehe sie nicht ein in das, was ich mit Hudson bespreche, und das ist nicht richtig, das weiß ich. Aber Mutter, ich liebe Louisa doch. Vielleicht merkt sie es nur nicht.«

Mrs. Taylor lächelte, als sie Louisa im Flur stehend entdeckte, die sich offensichtlich gerade beim Lauschen ertappt fühlte. Doch dann lächelte Louisa, noch immer im Schlafanzug, herzlich zurück. »Alles in Ordnung, Amelia, du brauchst mir das nicht zu erzählen. Ich weiß, dass du mich liebst. Ich liebe dich auch, und ich verspreche dir, nie wieder in deinen Tagebüchern zu lesen.« Sie machte eine Pause und fügte augenzwinkernd hinzu: »Außer wenn du es mir erlaubst.«

Amelia wuschelte Louisa durchs Haar. »Du kannst meine Tagebücher so oft lesen, wie du willst, solange du mich deine lesen lässt.«

Kichernd und mit zwinkernden Augen antwortete sie: »Eine gute Idee! Genauso sollten wir es machen! Wir tauschen die Tagebücher schon heute Abend, damit wir etwas zu lachen haben!«

Mrs. Taylor war überglücklich. Es machte ihr große Freude, dass ihre beiden Mädchen wieder freundlich zueinander waren. Leise zog sie sich aus der Küche zurück, um sie sich und ihren Plänen zu überlassen.

Das Gespräch am Frühstückstisch drehte sich wieder einmal um China. Hudson gab sich große Mühe, Louisa klarzumachen, was es für ihn bedeutete, jetzt zu wissen, dass er nun endgültig in das Land fahren werde, in das Gott ihn gerufen hatte. Während Amelia das Frühstücksgeschirr abräumte, hob sie einen königsblauen Milchtopf von seiner Stelle auf der leinenen Tischdecke. »Siehst du diesen Fleck, Hudson? Erinnerst du dich, dass du den gemacht hast?«

Hudson lachte. »Ja, ich weiß. Louisa, du fragtest mich, wann ich zum ersten Mal begriffen hatte, dass ich nach China gehen muss! Na ja, damals kam es zu dem Fleck. Ich habe ihn gemacht. Ich war immer so ein bisschen ein ungeschickter Tollpatsch. Stimmt's, Amelia?«

Amelia ärgerte Hudson vor allem wegen seiner zwei linken Hände. Mrs. Taylor schaute auf den Fleck. Wie oft hatte sie auf ihm herumgeschrubbt, aber er war niemals verschwunden. Sie musste diese Geschichte irgendwo in ihrem Tagebuch aufgeschrieben haben. »Eigentlich sollte ich gehen und sie suchen«, dachte sie.

Später am Abend kam sie mit dem alten Tagebuch herbei. Die Schrift war verblichen. »Aber lesbar ist sie noch«, murmelte Mrs. Taylor, als sie das Tagebuch durchblätterte.

> Mahlzeiten in unserem Haus sind niemals langweilig. Heute unterhielten wir uns wie gewöhnlich über China. Und über alles, was mit dem Orient zusammenhängt.
>
> »Meine Liebe, dieser Artikel über China ist erstaunlich!«, sagte mein engagierter Ehemann und Experte für Ostasien und den Orient. »Dieser Artikel hat ganz sicher mein Interesse an jenem Teil des Globus wieder neu entfacht; das kann ich dir versichern.«
>
> Was mich betrifft, hat es dieses Interesse nie nötig gehabt, »wieder entfacht« zu werden. China ist das beständige Thema der Unterhaltung mit Freunden und Gästen an unserem Esstisch. Aber immerhin, es gefällt mir, dass er Interessen außerhalb seines Berufs und der Bedürfnisse unserer Familie hat. Das hält seinen Geist aktiv, erweitert seine Vorstellungswelt und hält ihn zufrieden. Und ich selbst finde die Geschichten, die er erzählt, eigentlich auch sehr interessant und lebendig. Es ist auch sicher gut, für

diese Länder zu beten. Unsere Familie betet ständig für China. Somit war in gewisser Hinsicht das Missgeschick beim Abendessen keine Überraschung. Aber ich schweife ab. Mitten in unserer Unterhaltung bemerkte ich, dass James Tasse leer war.

»Erzähl weiter, Schatz. Möchtest du noch eine Tasse Bouillon?«

»Ja, gern, aber nur einen Schluck. Danke!« Mr. Taylor sprach weiter. »Man sagt, dass die Chinesen besser gebildet sind als die Leute im Westen. Wusstet ihr, dass die meisten von ihnen lesen können?«

»Tatsächlich?«, fragte ich interessiert.

»Ja, sie haben solche Ehrfurcht vor dem gedruckten Wort, dass niemand ein Blatt aus einem Druckwerk zerstören würde. Jetzt, Kinder, kommt ein Wissenstest für euch. Welches Reich ist hundertmal größer als England und bedeckt ein Zehntel der bewohnbaren Erdoberfläche?«

Hudson rief sofort: »China!«

»Ja! Ausgezeichnet. Nun, wenn alle Chinesen aufgefordert würden, sich in einem Abstand von etwa einem Meter in einer Reihe aufzustellen, wie oft würde diese Reihe den Erdball am Äquator umkreisen?«

»Siebenmal«, rief Amelia, noch schneller als Hudson.

»Gut gemacht, Amelia. Nächste Frage: Nennt vier Dinge, die von den Chinesen erfunden wurden.«

Hudson dachte scharf nach. »Das Schießpulver, der Kompass, Papier und die Druckkunst.«

»Sehr gut, Hudson. Jetzt ist der Test zu Ende, und jetzt möchte ich gern noch mehr Brühe haben.« Indem er sich zu mir umdrehte, fügte er hinzu: »Es ist trotzdem jammerschade, dass so wenige Chinesen über das Heil Bescheid wissen. Da gibt es so viele Möglichkeiten, meine Liebe. Die Gemeinden müssten den Missionsauftrag ernst nehmen und Missionare aussenden, damit das Evangelium die gesamte chinesische Bevölkerung erreicht. Wir sollten diesen armen Leuten Schiffsladungen voll Bibeln schicken! Stell dir vor, du hättest in deinem ganzen Leben niemals in der Bibel gelesen. Stell dir vor, du hättest noch nicht einmal eine zu sehen bekommen oder gar in der Hand halten dürfen. China hat es unbedingt nötig, die frohe Botschaft von Jesus Christus zu hören! Wir müssen China mit Missionaren überfluten. Wir müssen China mit dem Wort Gottes überfluten!«

Er nahm schnell einen Schluck von seiner Bouillon; aber er hatte keine Vorstellung davon, was seine Reden in dem stillen Jungen neben ihm ausgelöst hatten. Hudson war völlig gefesselt. Sein Vater sagte wieder laut: »Das sollten wir tun: China mit Bibeln überfluten!« Seine Faust schlug auf den Tisch, und der Teetopf klirrte. »Wir sollten Leute hinschicken, die den Menschen von Jesus erzählen können! Das Land ist verloren.« James fügte fast flüsternd noch hinzu: »Aber wer wird in ein so fernes Land reisen?!«

Plötzlich gab es einen Krach, weil Hudson wie wild aufsprang, seinen Stuhl beiseitestieß und aus tiefster Seele rief: »Ich werde gehen! Ich werde gehen!« Amelia blickte irritiert ihren großen Bruder an, Louisa kicherte. Wir blickten alle dahin, wohin Louisa zeigte, und sahen, dass Hudsons Bouillon nun auf dem weißen Leinentuch vergossen war.

»O Hudson!«, tadelte ich. »Den Fleck werde ich niemals wieder entfernen können!«

Ich rannte, um ein Tuch zu holen. James starrte auf das glühende, freudig begeisterte Gesicht seines Sohnes. Er lächelte. Der bloße Gedanke, dieser kränkliche kleine

Hudson würde nach China segeln, war fast lächerlich. Allerdings wechselten wir kurz einen Blick. Im gleichen Augenblick erinnerten wir uns an jenen Tag, an dem wir den Herrn gebeten hatten, Er möge unseren Sohn in Seinem Reich gebrauchen. Schon oftmals hatten wir uns gewundert, wie lebendig Hudson über China sprach. Sollte Gott tatsächlich vorhaben, ihn dorthin zu senden?

Aber James drehte sich um und blickte Hudson in die Augen. »China ist nichts für dich, mein Sohn. Setz dich solange, bis deine Mutter den Tisch gereinigt hat.«

Hudson war über und über rot geworden. Dann wird wohl nichts daraus werden. Oder vielleicht doch?

Mrs. Taylor packte das alte Tagebuch wieder weg.

»Jetzt wird Hudson in nur noch einer Woche nach China segeln! Wer hätte das gedacht?! Der kränkliche, kleine Hudson! Gott ist erstaunlich. Wer könnte Seine Wege ergründen?!«

Der Beginn des Glaubenslebens

4

Beide, Amelia und Louisa, saßen auf dem Teppich vor dem Kaminfeuer und waren in ihre alten Tagebücher vertieft. »Wo ist Mutter?«, fragte Louisa auf einmal.

»Sie ist drüben in der Küche, und sie wird gleich zu uns kommen«, antwortete Amelia.

Amelia blätterte in einigen ihrer alten Hefte, bis sie schließlich fand, was sie suchte. Mit schon verblichenen, kindlichen Buchstaben hatte sie in ein altes Schulheft geschrieben: »Mein Name ist Amelia Taylor. Ich habe heute den Herrn Jesus liebgewonnen. Ich möchte, dass Hudson auch Jesus liebt.« Weitere Eintragungen überall in diesem Tagebuch hatten einen ähnlichen Inhalt. Louisa legte ihren Kopf auf die Schulter ihrer Schwester, um zu sehen, was diese las.

»Hast du das geschrieben?«, fragte sie.

»Ja, mein Herz sprudelte über vor Freude. Zu der Zeit begann ich, die Bibel zu lesen, und Gott arbeitet seitdem an mir und tut es bis heute. Er gab mir mehr und mehr Erkenntnis über Ihn und meine Sünde. Aber auch den Wunsch, dass alle anderen um mich herum das gleiche Glück erfahren. Dieses Tagebuch ist voll von kleinen Notizen wie: ›Wenn doch Hudson zu Jesus käme und Ihn um Vergebung bäte!‹ Das habe ich geschrieben, nachdem Vater Hudson beim Fluchen erwischt hatte.«

»Niemals!«, japste Louisa. »Hudson sollte Gott geflucht haben? Hudson?«

Amelia errötete. »Ja, Louisa! Er ist heute ganz anders. – Gott sei Dank! Aber es war eine Zeit lang ziemlich schwierig mit ihm. Du erinnerst dich vielleicht nicht mehr daran, ich aber wohl.«

Mrs. Taylor kam herein und setzte sich zu den Mädchen. »Ist das hier wieder eine Reise auf der Straße der Erinnerungen?«

Amelia drehte sich um und sah ihre Mutter an. Beide hatten jene Zeit als sehr schwierig empfunden. Sie nahm ihr Tagebuch zur Hand und las laut vor:

> Hudson war heute besonders unruhig. Ich verstehe ihn nicht. Er wird einfach schnell frustriert und ärgerlich, und dann rennt er fort und macht lange Märsche durch die Gegend. Früher nahm er mich auf seinen langen Wanderungen mit, jetzt will er nichts mit uns zu tun haben. In Wirklichkeit will er nichts mit Gott zu tun haben. Das schmerzt mich am meisten.
>
> Gott, mein Vater, Du weißt, dass ich anfangs, als ich zu Dir kam, nichts lieber wollte, als dass Hudson dasselbe täte. Ich habe Deinen Frieden in meinem Herzen. Durch Deine Gnade sind mir meine Sünden vergeben. Selbst wenn mein Leben dunkel zu sein scheint, kann ich mich zu Dir wenden; denn Du bist bei mir. Du tröstest mich. Hudson scheint in seiner eigenen Welt der Dunkelheit umherzuirren, und es sieht so aus, als ob er trotzdem darin bleiben möchte. Er liebt die Welt und ist in der Sünde gefangen. Ich mag Fragen und Probleme haben; aber wenn ich mich im Gebet zu Dir wende oder in der Bibel lese, werden diese Fragen beantwortet. Manchmal beantwor-

test Du mir die Fragen anders, als ich es erwartete; aber Du gibst mir trotzdem Frieden in mein Herz. Ich merke, dass ich meinen Weg fortsetzen kann, weil ich weiß, dass Du alles unter Kontrolle hast.

Hudsons Arbeit in der Bank am Ort ist überhaupt nicht gut für ihn. Warum ging er überhaupt dorthin, um da zu arbeiten? Er wurde dadurch völlig verändert. Die Art der jungen Männer, die dort tätig sind, ist nicht die Art, von der ich möchte, dass Hudson ihnen nacheifert. Und ich sehe, wie er diesen Männern immer ähnlicher wird. Das Einzige, was sie interessiert, ist nur, welchem Vergnügen sie nach der Arbeit nachgehen können. Alles, was sie wollen, ist: viel Geld verdienen, mit dem sie sich all diese Vergnügungen leisten können. Sie möchten sich betrinken, bis sie den Verstand verlieren, Unsinn treiben und sich eben wie törichte Narren benehmen.

Hudson wünscht sich jetzt, in einem vornehmen Haus zu wohnen, wie er sagt, und Pferde zu halten, mit denen er auf die Jagd gehen kann. Ich weiß nicht, woher er eine solche Menge Geld nehmen will. Er verschwendet doch das meiste Geld sowieso. Man mag ihn an seiner Arbeitsstelle. Mit seinen Freunden ist er vergnügt und fühlt sich wohl. Ich sehe sie auf der Straße. Aber sobald er durch die Tür seines eigenen Zuhauses tritt, und sobald er mit seiner eigenen Familie zusammen ist, wird er mürrisch, zeigt schlechte Manieren und sitzt schlecht gelaunt da. Es ist ein wahres Elend mit ihm!

Barmherziger Vater, leider entdecke ich in mir immer wieder eine Abneigung gegen Hudson. Bitte vergib es mir! Halte ihn auf, sodass er Deinen Namen nicht weiter wie Dreck behandelt, und bitte errette auch ihn, wie Du mich errettet hast!

Amelia hörte zu lesen auf. Louisa war zutiefst erschrocken. Sie konnte sich an all das nicht erinnern. »Ich erinnere mich daran, dass du und Hudson euch ab und zu nicht einig wart, und ich meine mich zu entsinnen, dass er ein bisschen missmutig war. Aber dass es so schlimm war, habe ich nie mitgekriegt. Welch ein großer Wandel muss dann in ihm vorgegangen sein!«

»Ja!«, bestätigte Mrs. Taylor. »Er verließ die Bank im Jahr 1848 und fing an, bei Vater zu arbeiten, indem er einfache Rezepte herstellte, nichts Besonderes. Seine Augen konnten die Anstrengungen bei der Bank nicht mehr bewältigen. Das bedeutete, dass er immer noch frustriert, gelangweilt und ohne innere Ruhe war. Plötzlich begann er ein junger Mann zu werden und wusste nicht damit umzugehen.«

»Vielleicht erlaubten wir ihm zu wenig Freiheit. Vielleicht fühlte er sich zu sehr eingesperrt. Dass er zu Hause arbeiten und auch wohnen musste, war schrecklich für ihn, und er wollte unabhängiger sein. Aber genau das, von dem sowohl Amelia als auch ich wussten, dass es seinen Schmerz lindern und ihm den Frieden geben würde, nach dem er sich so sehr sehnte, das war genau das, was er am allermeisten in aller Welt verabscheute. Für Gott hatte er absolut keine Zeit. Seiner Seele fehlte der Retter. Aber Jesus Christus passte nicht in Hudsons Pläne.«

Mrs. Taylor seufzte. Amelia ergriff die Hand ihrer Mutter und fuhr fort:

»Trotz der Meinungsverschiedenheiten und der Entzweiung zwischen uns beiden war ich es, an die sich Hudson wandte, als ihm alles zu viel wurde. Die Spannung zwischen Vater und ihm war so stark, dass es sie zu zerreißen drohte. Vater konnte Hudson nicht verstehen. Und Hudson fand Vater unausstehlich. Beide begannen, sich über den anderen aufzuregen. Hudson fand Vater aufgeblasen und kochte häufig vor Wut, und Vater sah in Hudson nur noch einen ungezogenen und undankbaren Flegel.

Da wurde mir klar, dass ich etwas tun musste. Und das Einzige, was ich tun konnte, war zum Herrn zu flehen. So nahm ich mir vor, täglich von ganzem Herzen für Hudson zu beten, in dem Bewusstsein, dass es Gott ist, der Hudson retten und ihm echte Umkehr und Glauben schenken kann. Ich wollte für Hudson beten – bis zu dem Augenblick, an dem er sich völlig Gott ausliefern würde. Das schrieb ich hier in mein Tagebuch!

Louisa beugte sich über das Tagebuch, während Amelia ein anderes aufnahm und ihre Geschichte fortsetzte. »Dann, eines Tages, als Mutter auf einer kleinen Erholungsreise war, wollte ich einen Spaziergang machen. Ich ließ Hudson allein zu Hause. Und da geschah es endlich!

Einige Zeit später schrieb ich darüber in meinem Tagebuch. Es war im Juni des Jahres 1849.«

> Es ist ein Wunder geschehen! Es ist zu erstaunlich! Hudson ist errettet. Er ist jetzt auch ein Kind Gottes! – Das kann ich wirklich bezeugen, denn Gott hat ihn so verändert! Wir haben für seine Umkehr gebetet, und Gott hat ihn errettet. Gelobt sei der Herr!
>
> Mutter ist bei unseren Verwandten, 80 Meilen weit entfernt, um sich ein wenig zu erholen. Sie weiß es noch nicht. Sie bleibt noch weitere drei Tage fort, und Hudson hat mir gesagt, ich solle niemandem etwas sagen! Aber ach, ich habe das Gefühl, ich müsse platzen vor Freude, und wenn ich es nicht in mein Tagebuch schreibe, platze ich wirklich! – An diesem Nachmittag war ich zu einem Spaziergang ausgegangen, und Hudson fühlte sich wie gewöhnlich so gelangweilt. Weil Vater nicht in seinem Arbeitszimmer war, sondern auf einem Krankenbesuch,

blätterte Hudson in einigen christlichen Traktaten herum, die Vater in einem Korb aufbewahrt. Hudson kannte sie natürlich kaum, doch nahm er eins davon heraus und las es aus lauter Langeweile. Er hatte einen kurzen Blick auf eins der Traktate geworfen und hielt es für eine kurze und unterhaltsame Lektüre. Auch wusste er, dass er es ja wieder zur Seite legen könnte, wenn es zu »fromm« werden sollte. Hudson konnte Moralpredigten nicht leiden.

Es ist seltsam, das alles nun in der Vergangenheitsform zu schreiben! – Nun ja, was Hudson betrifft, wollte er nun eine Geschichte lesen und die Moral darin schnell wieder vergessen.

Hudson schlüpfte in das alte Lagerhaus, um in Ruhe lesen zu können. Doch während er las, nahm ihn der Ausdruck »Das vollendete Werk Christi« gefangen. Er dachte nach: »Warum steht hier ›vollendetes Werk‹? Warum heißt es nicht Versöhnungswerk?« Plötzlich fielen ihm die Worte Jesu ein: »Es ist vollbracht!« – »Was bedeutet vollbracht? – Es muss sich um eine vollkommene Erlösung und Sühne für die Sünde handeln, denn ›Jesus ist das Sühnopfer für unsere Sünden, aber nicht nur für die unseren, sondern auch für die der ganzen Welt‹«.

Plötzlich begriff Hudson, dass er das Christsein aus völlig falschem Blickwinkel betrachtet hatte: Die Nachfolge war nicht als ein unendlicher Kampf zu betrachten, bei dem man alles Böse, was man getan hatte, jeweils durch etwas Gutes ausgleichen musste. Deshalb hatte Hudson den Versuch, ein Christ zu sein, längst aufgegeben; denn er empfand das als viel zu mühevoll. Hudson hat verstanden, dass er niemals dazu in der Lage ist, aus eigener Kraft gut zu sein. Er dachte: »Gottes Messlatte ist viel zu hoch; da kann ich auch gleich aufgeben!«

Jetzt stand seine Sünde – die Rebellion gegen Gott – wieder vor ihm. Sie war der Grund für sein Elend, und er bereute sie. Doch jetzt, während er las und darüber nachdachte, entdeckte er, dass ein anderer schon bei Gott für seine Schuld bezahlt hat. Jesus hatte die Strafe bezahlt. Da gab es weiter nichts mehr zu tun. Er musste die Errettung nur im Glauben annehmen. Christentum bedeutete nicht ein unentwegtes Kämpfen, Jahr für Jahr, in der Hoffnung, einmal gut genug zu sein, um in den Himmel zu kommen.

Hudson fiel auf die Knie und bat Gott um Vergebung, weil er nun wusste, dass Gott gnädig ist.

Sein Herz jubelte vor Dank.»O Herr Jesus, Du bietest mir, einem Sünder, die freie Gnade der Errettung! Durch Deinen Opfertod bin ich von meiner Schuld freigesprochen. Du hast mir vergeben! Wie kann ich es Dir nur danken?!« Hudson ist davon bis heute noch begeistert! »Nicht ich lebe, sondern Christus lebt in mir! Ein Licht drang in meine Seele!«, sagt er immer wieder.

Und ich freue mich jedes Mal, wenn ich das höre!

Louisa blickte Amelia an. Deren Augen strahlten. Ein Lächeln lag auf ihrem Gesicht. Sie wandte sich eifrig ihrer Mutter zu: »Aber was ist mit dir? Du weißt doch noch ein weiteres Detail der Geschichte zu erzählen. Hast du nichts darüber aufgeschrieben?«

Mrs. Taylor dachte einen Augenblick nach, dann eilte sie die Treppe hinauf.

»Was will sie?«, fragte Louisa.

Amelia lachte. »Wie du bereits weißt, war Mutter nicht zu Hause, und ich war die Einzige, der Hudson bis dahin etwas davon erzählt hatte. »Allerdings« – Amelia schwieg, bis ihre Mutter es sich auf der Couch wieder bequem gemacht hatte – »hatte ich nicht mit der wunderbaren Kraft Gottes gerechnet!

Los, Mutter, lies uns vor, was du an jenem Tag geschrieben hast!«

Etwas außer Atem begann Mrs. Taylor in einem alten Tagebuch zu blättern. »Was ich zuerst schrieb, war nur ein kurzer Absatz. Es geschah alles an dem Nachmittag, während meiner kleinen Erholungsreise – zur gleichen Zeit, in der sich Hudson in die Scheune zurückgezogen hatte, um etwas zu lesen und dann ein Schläfchen zu machen.«

> Ich hatte heute den Wunsch, vermehrt für Hudsons Errettung zu beten. Ich schloss mich in meinem Zimmer ein, während meine Schwester mit ihrer Familie einen Besuch machte. Mir war klar, dass mir mehrere Stunden zur Verfügung standen, und so betete ich für meinen jungen Sohn. Ich bat darum, dass Gott Hudson ein neues Herz schenken und dass Er doch der Herr über das junge Leben meines Sohnes werden möge. Er ist jetzt siebzehn Jahre alt, vergeudet sein Leben und zieht Gottes Namen in den Schmutz. Die Last lag schwer auf meinem Herzen. »Ach Herr, bitte errette ihn doch, um Deines Namens willen! Dein Wille geschehe, und Dir allein sei die Ehre in Ewigkeit!« – Dann wurde ich ruhig; ein tiefer Friede erfüllte mich. »Du, Herr, bist der allmächtige Gott. Dir darf ich meinen Sohn getrost anbefehlen, denn die Errettung ist allein Deine Sache!«

»Das ist am gleichen Tag geschehen?«, rief Louisa aus.

»Ja, Louisa. Gott gebraucht Gebete, um Seinen Vorsatz zu erfüllen, aber auch, um Seine Kinder zu sich zu ziehen und sie zu erinnern, dass sie ganz und gar von Ihm abhängig sind. Gott ist erstaunlich und so unergründlich! Und doch haben wir durch Sein Wort und im Gebet Gemeinschaft mit Ihm. Wir verdienen Seine Liebe nicht. Gott ist so großartig!«

Mrs. Taylor war tief in Gedanken versunken, als sie sich umwandte, um aus dem Fenster zu blicken. »Hudson erzählte allen seinen Freunden von der Bank, dass er errettet sei und Jesus nachfolgen will. Das Strahlen in seinen Augen war zurückgekehrt. Unsere Gebete waren erhört worden. Während jenes Sommers begann er, Sonntagabends mit Amelia die ärmsten Stadtteile aufzusuchen.«

Louisa blickte irritiert auf und lächelte. »Oh ja, ich erinnere mich. Sie teilten Traktate aus. Ich hielt das zwar für mutig; aber es war mir auch peinlich.«

Mrs. Taylor lächelte. »Es gibt keinen Grund, sich wegen Christus zu schämen, Louisa. Wenn du persönlich erfahren hast, was Christus für dich getan hat, hast du den inneren Drang, auch anderen von diesem großartigen Erlöser zu erzählen.«

Louisa errötete ein wenig und hielt den Mund. Amelia dachte bei sich: »Louisa liebt den Herrn Jesus noch nicht.«

Mrs. Taylor setzte ihre Erzählung fort: »Na ja, für Amelia kam die Zeit, zur Schule zu gehen. Sie war eine junge Dame geworden; darum schickten wir sie in die Schule deiner Tante in Barton-upon-Humber. Der Winter war nicht so leicht, weil zwischen Vater und Hudson wieder Spannungen bestanden. Danach, im Dezember des folgenden Jahres, betete Hudson mit ganzem Ernst wegen seiner Sünde, die ihn so sehr erschreckte. Er bat Gott um Hilfe, ihn davor zu bewahren. Zur gleichen Zeit begann Gott, die Grenzen Chinas zu öffnen, damit zahlreiche Chinesen bald das Evangelium hören könnten, und Hudson war noch nicht bereit zum Hören des Rufes: ›*Wen soll Ich senden? Wer will Unser Bote sein?*‹ Deshalb zeigte Gott ihm noch mehr von der Bosheit seines Herzens; und Hudson erkannte, dass er im Kampf um Befreiung, ohne die er nicht weiterleben wollte, völlig vom Herrn abhängig war. Mein geliebter Sohn war am Ende seiner Kraft und bat Gott im Kampf: ›*Ich lasse Dich nicht, es sei denn, Du segnest mich!*‹ Hudson war überwältigt, als ihm bewusst wurde, dass Gott wirklich da war und sein Flehen erhört hatte. Gott hatte Hudson endlich soweit gebracht, dass er bereit war, dem Ruf Gottes zu folgen. Von diesem Augenblick an stand sein Entschluss fest – er würde nach China gehen! Sogar als Kind schon war er an China interessiert und wollte den Chinesen von Gott erzählen. Jetzt aber begriff er, dass er etwas dafür unternehmen musste!«

Die Mutter strich ihren Rock glatt, nachdem sie von der Couch aufgestanden war, und fügte noch hinzu: »Seit 1849 ist schon viel passiert. Jetzt haben wir September 1853, und euer Bruder geht nach China. Ich kann mich an diesen Gedanken immer noch nicht gewöhnen.«

Amelia und Louisa sprangen gleichzeitig auf und liefen zu ihrer Mutter, um sie zu umarmen. Glücklicherweise hatte sie noch die beiden Mädchen! Mrs. Taylor drückte sie an sich. Gott war sehr gut zu ihr; das wurde ihr wieder einmal klar.

Nachdem die Familienbibel an diesem Abend wieder auf das Regal zurückgestellt war, gingen Amelia und Louisa zu Bett. Louisa schlief bald ein. Sanftes Atmen kam unter ihrer Decke hervor, und Amelia lächelte. Jetzt würde sie für eine Weile Frieden und Ruhe haben. Es gab noch eine Reihe alter Tagebuchaufzeichnungen und Briefe, die sie lesen wollte. »Hmm, hier ist ein Brief von Hudson aus dem Jahr 1850:

> Armes, vergessenes China! Kaum jemand macht sich Gedanken darum … Dieses ungeheuer große Land, zu dem beinahe ein Viertel der Menschheit gehört, lässt man einfach in Unwissenheit und Finsternis liegen. Doch der Herr Jesus hat gesagt, dass die Botschaft vom Reich Gottes in

> der ganzen Welt verkündigt werden wird, damit alle Völker sie hören. Dann erst kommt das Ende.

»Was ist wohl der Auslöser für diese Zeilen?«

Amelia dachte an das Jahr 1850 zurück und erinnerte sich an all die Enttäuschungen, die Hudson erlebte, weil niemand seine China-Vision mit ihm teilen wollte. »Ich glaube, dass sie ihn nur aus einem Blickwinkel gesehen haben: mit seinen achtzehn Jahren viel zu jung und unerfahren, keine Universitätsbildung, und so mager und kränklich konnte er kaum das feuchtkühle Wetter in Yorkshire ertragen. Die Leute mussten einfach über seine Idee lachen, nach China gehen zu wollen. Und wer sollte ihnen das übelnehmen?«

Sie legte den Brief auf ihren Rock nieder und wühlte in der Kiste, bis sie das Tagebuch fand, das zu dem Jahr 1850 gehörte. Als sie weg war, in der Schule, hatte Amelia häufig Briefe von Hudson bekommen, in denen er alles erzählte, was er vorhatte. Sie überflog die Seiten, bis sie an einen Abschnitt kam, an den sie sich erinnerte.

> Armer Hudson! Ich tat mir ja selbst leid, dass ich in der Schule sein musste. Aber er nahm sich selbst in die Mangel, und das einzig zu dem Zweck, sich abzuhärten! Der allgemeine Eindruck, den die Leute von Hudson haben, ist der, dass er zu schwach sei, und dass er nicht der Typ sei, der um die halbe Welt nach China reisen könnte! Deshalb legt er sich selbst sehr strenge Vorschriften auf, um diesem Problem abzuhelfen! Vater musste sein Federbett aus seinem Zimmer nehmen. Ich glaube, er schläft nur auf Brettern oder auf einigen Decken! Außerdem hat er begonnen, lange Märsche über das Moorland zu machen. Er sagt, die frische Luft sei gut für ihn, und die kalte Luft härte ihn ab. Und als wäre das noch nicht genug, hat er

sich entschlossen, außer dem Erlernen der schwierigsten Sprache der Welt auch noch seine Allgemeinbildung voranzutreiben! Hudsons Herz ist voll von China!

Immerhin, sein Herz ist auch noch voll von etwas anderem – oder sollte ich sagen: von einer anderen? Ist es möglich, sein Herz gleichzeitig mit zwei Dingen zu füllen? Ich weiß es nicht. Aber auf jeden Fall ist sein Herz erfüllt von Miss Vaughan. Sie ist meine Musiklehrerin, und sie hat einen reichen Vater. Am 11. November schrieb Hudson, und ich zitiere:

»Was soll ich machen?! Ich weiß, ich muss eine Entscheidung treffen, aber ich kann sie nicht zum Wollen überreden.«

Es ist immer das alte Lied: Unsere Familie gehört nicht zu derselben sozialen Klasse wie die von Miss Vaughan. Und wenn Hudson nach China geht, wird er noch ärmer sein. Allerdings wird Gott Rat schaffen!

Amelia seufzte; Miss Marianne Vaughan erinnerte sie an so manches. Als Hudson im Frühjahr 1851 in Hull bei einem Arzt angestellt war, hatten Miss Vaughan und Amelia ihn oft besucht. Barton, wo Amelia zur Schule ging, war nur eine Fahrt mit der Fähre über den Humber entfernt, diesen grauen, riesigen Fluss, der Barton von der geschäftigen Stadt Hull trennt. Hudson war auch oft Gast auf dieser Fähre. Er genoss diese Zeiten.

Einen freien Tag hatten sich die drei für den Peak District reserviert. Da gab es von morgens früh bis abends spät so herrliche Ausritte in der frischen, stillen Bergluft. Obwohl er ihr gegenüber nicht gleichgültig war, hegte Hudson doch Zweifel daran, dass ihr Leben völlig Gott ausgeliefert sei. Er merkte, dass sie sich gegen eine Zukunft in der völligen Hingabe an Gott sträubte. Deshalb brachte er es nicht über sich,

Miss Vaughan zu bitten, den Reichtum und die Sicherheit daheim für die Armut und die Gefahren in China aufzugeben. Seine Befürchtungen bewahrheiteten sich, als sie ihm mitteilte, dass sie zu einem Leben in China nicht bereit sei. Ihr Vater wollte ebenfalls nichts davon wissen und schrieb:

> Würdest du in England bleiben, dann wäre ich sehr froh darüber, dich glücklich mit Marianne vereint zu sehen. Aber ich kann mir niemals vorstellen, dass sie das Land verlassen sollte.

Amelia seufzte und stopfte alle Briefe und Tagebücher in den Kasten zurück. Sie war müde, und ihre Augen machten ihr Mühe, wach zu bleiben. Sie pustete einmal, und die Kerze war aus; aber ihr Geist konnte nicht so schnell zur Ruhe kommen wie der von Louisa.

Amelia schloss die Augen. »Herr, schicke Hudson eine Frau, die ihn liebt, sich um ihn kümmert und Dir mit ihm gemeinsam in China dienen möchte.« Mit diesem Gebet schlief sie ein.

Der Beginn der Reise

5

Am nächsten Morgen nahm Mr. Taylor die Bibel vom Regal, und die Familie hielt gemeinsam ihre Morgenandacht. Heute sollte einer aus ihrer Familie weggehen, um dem Befehl Christi zu folgen: »Geht hin in alle Welt und verkündigt das Evangelium!« Amelias Herz sang bei diesem Gedanken, aber ihre Augen weinten. Wie oft hatte sie in der Vergangenheit für Hudson gebetet. Sie wusste: Gott hat einen Plan für Hudson, und wie immer werden Gottes Pläne zu Gottes Zeit ausgeführt.

Das Feuer im Kamin prasselte, als Amelia sich in den Sessel kuschelte. Sie lächelte Hudson an, der jetzt angespannt darauf wartete, dass die Kutsche eintraf. Es würde nicht mehr lange dauern, bis er Abschied nehmen würde, um dem Ruf Gottes zu folgen. Louisa begann zu weinen.

»Na aber, Mädchen, was macht ihr?!«, drängte Hudson. »Keine Tränenfluten bitte, nicht heute! Ich möchte keine meiner Schwestern weinen sehen. Hier, ich habe ein Geschenk für jede von euch. Es ist nur etwas, das euch an mich erinnern soll, wenn ich fort bin.« Louisa schluchzte laut, als Hudson seine beiden Eichhörnchen aus dem Käfig hob. »Das sind doch deine Eichhörnchen, Hudson!«, rief sie tränenüberströmt. Die Eichhörnchen in Hudsons Händen quiekten, als würden sie ihn jetzt schon vermissen. Amelia wusste nicht, ob sie darüber lachen oder weinen sollte.

»Passt auf sie auf«, sagte er, während er versuchte, sie wieder in den Käfig einzusperren. »Sie werden mich vermissen; da bin ich mir sicher.«

Louisa versprach, treu und ausdauernd für sie zu sorgen.

Amelia blickte zum Fenster hinaus. Vater half dabei, einige Kisten und eine Reisetasche an die Straße zu stellen. Mutter gab sich Mühe, alles so zweckmäßig wie immer im Griff zu haben. Amelia sagte leise: »Wir wollen alle drei heute tapfer sein. Es spielt keine Rolle, wie weit wir dann voneinander entfernt sind. Wir sind für immer vereint! Oder etwa nicht?« Und während sie das sagte, hörte Amelia in der Ferne das Geräusch von Wagenrädern und das Knallen der Peitsche des Kutschers.

Hudson verließ in aller Eile den Raum. China rief! Amelia stand auf und hielt Louisas Hand, während ihr nervöser, enthusiastischer und unterhaltsamer Bruder das Zimmer verließ. Er ging nun also wirklich fort.

»Ist das der letzte Koffer, Mr. Taylor?«, fragte der Kutscher höflich, als der Vater sorgfältig die ganze Ladung auf das Dach verfrachtet hatte. Es war doch eine ganze Menge. Hudsons andere Sachen waren schon vorausgeschickt worden.

Die Kutsche gehörte nur einem kleinen örtlichen Unternehmer. Sie sollte Hudson zu der Hauptkutsche nach Tottenham bringen. Mrs. Taylor wollte Hudson auf der ersten Strecke seiner Reise begleiten. Sie und ihr Mann würden ihn dann in ein paar Tagen in Liverpool wieder treffen, gerade bevor er an Bord der *Dumfries,* eines Segelschiffs, ging, das ihn nach Schanghai bringen sollte.

»Ich denke, wir sind alle bereit.« Hudson entwand sich der eisernen Umklammerung seiner Schwestern, um seiner Mutter in die Kutsche zu helfen. Die Pferde wieherten und stampften ungeduldig mit den Hufen. Wann ging es endlich weiter?! Hudson wandte sich noch einmal seinen Schwestern zu und umarmte jede stürmisch. »Ich werde euch beide vermissen! Ich weiß nicht, was ich sonst noch sagen soll.« Und sogleich sprang er in die Kutsche, schloss die Tür und sagte dem Fahrer, er könne losfahren. Die Peitsche knallte, und die Pferde trabten die Straße hinunter. Amelia lief verzweifelt hinter der Kutsche her, winkte mit dem Taschentuch und rief: »Auf Wiedersehen! Auf Wiedersehen! Vergiss nicht zu schreiben!«

Die Reise mit der Kutsche verlief ziemlich ereignislos. Hudson hatte vorher einige Briefe geschrieben, die er seiner Mutter gegeben hatte, damit sie diese zur Post brachte. Sie stand nun da und hielt sie fest, während Hudson in die nächste Kutsche kletterte. Mrs. Taylor stellte erleichtert fest, dass kein Brief an Miss Vaughan dabei war. Sie freute sich. Hudson schien diese Romanze überwunden zu haben. Die letzten paar Wochen, bevor er nach China ausreiste, hatten ihn besonders verwundbar gemacht. Hudson würde sehr gern heiraten. Allerdings war China noch wichtiger für ihn.

»Nur wenige Frauen würden die Bequemlichkeiten der Heimat mit einem Leben voller Unsicherheiten und Armut eintauschen wollen. Hudson wird lernen müssen, ein Junggesellendasein führen zu müssen – vielleicht bis ans Ende seines Lebens« – Mrs. Taylor betete: »Lieber Herr, tröste ihn! Sorge Du für ihn!«

Mrs. Taylor war froh, dass dies noch nicht der endgültige Abschied war. In einigen Tagen würde sie Hudson in Liverpool noch einmal zu sehen bekommen. Dann wollte sie sich verabschieden. Während sie ihr Kleid wieder glattstrich, bevor sie in die Kutsche zurückkletterte, versuchte sie an andere Sachen zu denken. Sie dachte an die kleinen Sorgen, an die Kisten, und wie sie gepackt werden sollten, anstatt an die großen Sorgen eines jungen Mannes, der auf einer Mammutreise war.

Am folgenden Morgen versuchte eine ziemlich erschöpfte Mutter aus dem Bett zu steigen, um ihr Tagespensum zu bewältigen. Gedankenverloren bürstete sie ihr silbergraues Haar, wobei sie in den Spiegel starrte; ihre Gedanken wanderten hierhin und dorthin.

Wie schnell waren doch seit der Geburt ihres kleinen Sohnes die Jahre vergangen! Das Jahr 1832 hatte es erlebt, dass der kleine James Hudson Taylor schreiend seinen Einzug in diese Welt hielt. So wie er die beiden Namen der Familien Hudson und Taylor in dem seinen vereinigte, so vereinigte er auch deren Hoffnungen, der Herr möge tatsächlich große Dinge durch das Leben dieses kleinen Babys bewirken.

Aber Herr, es gab auch Zeiten, in denen ich zweifelte. Manche Nacht lang bezweifelte ich, ob er sie überleben würde. Manchmal zweifelte ich sogar an Deiner Macht, ihn zu erretten. Bitte vergib es mir! Es war oft schwierig. Dann war da der Abend, an dem er ausrief, er wolle nach China gehen! Dabei fielen Tassen um, und die Brühe floss auf die Tischdecke! Welch ein Schreck überkam mich, als mir einfiel, was ich zwölf Jahre zuvor gesagt hatte: »Ich bin bereit, mich selbst, dieses Kind und meine ganze Familie Dir zu übergeben!« Dann wieder kam uns der Gedanke, Hudson würde nach China gehen, dermaßen lächerlich vor, dass ich laut hätte loslachen können, wenn nicht jenes leise Flüstern in meinem Herzen widerhallte: »Herr, mache unser Kind zu einem brauchbaren Diener.«

Als sie von der Frisierkommode aufgestanden war, wusch sie ihr Gesicht mit kaltem Wasser. Sie wühlte in der Schublade ihres Nachttischchens neben ihrem Bett und zog ihre Brille heraus. Auf der Bettkante sitzend, den anscheinend noch immer schlummernden Ehemann unter seiner Decke neben sich, murmelte sie: »Ich will noch einmal jene Verse im 2. und 4. Buch Mose lesen. Herr, er gehört ja Dir und nicht mehr mir.«

Als sie die bekannten Bibelverse wieder las, nahm plötzlich ihr Mann seine angsterfüllte Frau fest und doch sanft in den Arm und drückte sie an sich. Mann und Frau übergaben aufs Neue ihren Sohn dem Herrn.

Das Hafenviertel in Liverpool glich einem Ameisenhaufen voller Aktivität. Hudson und seine Eltern waren jetzt wieder beieinander, und Hudsons Besuche in London waren alle gut verlaufen. Er war bereit, in den fernen Osten zu segeln. Seine Mutter war nicht in gleichem Maß bereit, ihn loszulassen. Obwohl Amelia und Louisa zu Hause blieben, waren andere Freunde und Verwandte nach Liverpool gekommen, um dem jungen Hudson eine gute Reise zu wünschen. Sie trafen sich alle im Owen-Hotel, um sich zu verabschieden.

Ganz Liverpool schien nur aus Händlern und Hafenarbeitern zu bestehen. Kutschen und Rollwagen brachten Kaufleute von dem Hafen ins Stadtzentrum. Andere hatten ihre Mühe mit Karren, die mit Waren und Gütern hoch bepackt waren. Alles war bereit, in den fernen Osten verschickt zu werden. Die *Dumfries* war bald soweit, dass sie auslaufen konnte. Mr. Taylor versuchte bei den Hafen-Behörden zu erfahren, wann die Fahrt losgehen sollte. Man hatte nämlich ein Problem festgestellt.

»Oh, einen Augenblick … Mal sehen, Sir … ich denke mit diesem Schiff hat es eine Verzögerung gegeben. Das tut mir leid; es sind dringende aber kleinere Reparaturen, verstehen Sie? Das Schiff befindet sich in gutem Zustand – es gibt also keinen Grund zur Beunruhigung; aber es ist für alle Beteiligten besser, wenn wir die nötigen Reparaturen jetzt unverzüglich durchführen. Man darf kein Schiff in einem Zustand um die halbe Welt schicken, dass es als Wrack in Schanghai eintrifft. Das wäre bestimmt kein Vergnügen, oder?«

Mr. Taylor seufzte. Er musste also allein nach Barnsley zurückfahren, weil er seine Arbeit nicht länger unterbrechen konnte. Außerdem waren Amelia und Louisa allein zu Hause. »Das Beste ist, ich reise heim«, sagte er, während er sich beeilte, seine Sachen einzupacken.

»Aber Hudson hätte es sehr gern, wenn du hier bliebest, bis er abreist«, versuchte seine Frau einzuwenden.

»Ich weiß das, aber ich kann nicht bis zum 19. hier bleiben. Das dauert noch zu lange. Kannst du das verstehen, Hudson?« Mr. Taylor blickte seinen Sohn gespannt an.

»Ja, Vater, gewiss! Grüß die Mädchen herzlich von mir!«

Schnell wurde ein Schlafwagenplatz für Mr. Taylor im Zug zurück nach Yorkshire bestellt. Hudson befand sich neben seinen Eltern, als sie dicht gedrängt zusammen auf dem Bahnsteig standen. Mr. Taylors Zug würde jetzt jeden Augenblick einfahren. Und wenige Augenblicke später donnerte der Zug in einer Wolke aus Dampf und Rauch in den Bahnhof hinein. Der Vater umarmte seinen Sohn, küsste seine Frau und kletterte in den Zug. Eine Träne blinkte in seinem Auge, aber niemand nahm es wahr. Dann ertönte ein Pfiff, und ein Strom von Qualm und Dampf überflutete den Bahnsteig, als der Zug den Bahnhof verließ.

Hudson rannte den Bahnsteig entlang und winkte seinem Vater zu. Hudsons Augen begegneten noch kurz denen seines Vaters, und er erblickte darin, was er schon immer kannte: die väterliche Liebe. Er erinnerte sich daran, wie er als Kind morgens mit seinem Vater gebetet hatte, während dieser seine starken Arme um ihn legte. Die Liebe seines irdischen Vaters war ihm ein Abbild für die noch weit größere Liebe des himmlischen Vaters geworden.

Hudson verbrachte nun die nächsten Tage mit seiner Mutter, indem sie Liverpool erkundeten und auch täglich bei den Hafen-Behörden nachfragten, wie es um die Seetüchtigkeit der *Dumfries* bestellt sei.

Schließlich kam der 19. September heran, und Hudson und seine Mutter gingen die Gangway hinauf, um sich anzusehen, was für die nächsten sechs Monate die Unterkunft für Hudson sein sollte. Zwei Freunde begleiteten Mrs. Taylor an Bord, um Hudson Lebewohl zu sagen. Doch die Mutter hoffte, noch ein wenig Zeit mit ihrem Sohn allein verbringen zu können, bevor sie ihn verlassen musste.

»Dies ist es also«, seufzte sie still für sich, als Hudson einen seiner Koffer einem wartenden Seemann übergab.

Sie atmete die scharfe, salzige Luft der Mersey-Bucht ein. Der kühle Wind kam vom Ozean her und vertrieb den ekligen Geruch von Fisch, Ölschmiere und auch vom Treiben in der Stadt. Es war wirklich eine Erleichterung, frische Luft einatmen zu können.

Sie schaute sich in der Kabine um und stellte sich vor, wie er hier las, schrieb und träumte, während sie daheim dasselbe tat, daheim am Kamin in Yorkshire. Ob dieses Bild nicht zu optimistisch war? Vielleicht würde Hudson auch während der ersten Wochen dauernd mit seinem Kopf im Eimer stecken, im Kampf mit der Seekrankheit.

Hudson probierte die schmale Koje aus. »Na ja, sie ist vielleicht ein bisschen zu kurz; aber dann schlaf ich eben zusammengerollt. Dann merke ich das gar nicht so sehr. Hier ist auch eine Kiste. Da werde ich all meinen Kram hineinstecken. Meine Bibel und die Bücher passen auch noch hinein.«

Mutter und Sohn packten gemeinsam die Kleider aus und legten sie ordentlich in einen kleinen Schrank, der in die Seitenwand eingebaut war. Kein Möbelstück stand frei im Raum herum. Bei der ersten großen Welle würde alles, was nicht am Fußboden oder an den Wänden befestigt war, umherfliegen und tatsächlich jemanden verletzen können. Hudsons kleines Kojenbett war fest an der Seitenwand angenagelt, und zwei Schubladen konnte man darunter hervorziehen. Beide Schubladen hatten starke Schließhaken, damit sie sich nicht von selbst öffnen und den ganzen Inhalt auf dem Boden verstreuen konnten. Das Schränkchen stand am Fußende des Bettes, und eine schmale Kommode war an seiner Seite.

Der Lärm und Trubel nahmen immer mehr zu, weil ständig mehr Ladung an Bord gebracht wurde. Es war wirklich gut gewesen, rechtzeitig an Bord zu kommen.

Hudson hatte sich zur rechten Zeit eingerichtet, und nun konnten die beiden dasitzen und ihr Zusammensein genießen. Die beiden Freunde hatten Mutter und Sohn verlassen, damit sie allein Abschied voneinander nehmen konnten. Mrs. Taylor war sehr dankbar dafür.

Eine große Ladung Handelsware hing hoch über ihnen, die dann an einem Strick in den Laderaum herabgelassen wurde. Männer liefen mit Bündeln auf ihren Schultern oder Rücken die Gangway auf und ab. Die Geräusche harter Arbeit und knarrender Bretter mischten sich mit den erschallenden Befehlen der Schiffsoffiziere. Ein lauter Ruf ertönte von dem anderen Ende des Schiffes her: »Alle ans Ufer, die hierbleiben wollen!«

»O Hudson! So schnell schon?«, keuchte Mrs. Taylor.

»Fürchte dich nicht«, beruhigte sie ihr Sohn. »Wir haben noch Zeit zum Beten. Sie werden die Gangway nicht so schnell einziehen.« Gemeinsam setzten sie sich auf Hudsons Kojenbett. Mrs. Taylor glättete die Laken, während sie sich Hudsons gemütliches Bett daheim vorstellte. Dieses Bett sah nicht so bequem aus, aber es würde warm sein und hoffentlich trocken bleiben.

Es spendete ihnen Trost, als sie noch gemeinsam ein Lied sangen. Alte Seeleute, die an der Kabine vorübergingen, hielten einen Augenblick inne, um die »Nachtigall« singen zu hören. Hudson sah einen Seemann, der sanft lächelte. Vielleicht hatte dieser raue Mann in seiner fernen Vergangenheit auch eine Mutter gehabt, die ihm geistliche Lieder vorgesungen hatte. Danach betete Hudson für seine Mutter, sie möge gesund heimkommen, dann auch für seine ganze Familie, die er nun verließ, um Gottes Ruf nach China zu folgen.

»Herr Jesus, bewahre alle, die ich liebe und wertschätze!« Er zögerte ein wenig. Die ängstlichen Augen seiner Mutter blickten auf das angespannte Gesicht ihres Sohnes. Sie empfand seinen Schmerz nach. Dies war die Reise nach China, dies war der Tag, an dem er sie verlassen sollte. Jetzt gab es kein Zurück mehr! Als Hudson die Stimme versagte, beugte sie sich zu ihm hinüber und küsste ihn auf seine Wange.

»Wir werden für dich beten, mein Sohn. Der Herr sei mit dir! Vergiss niemals, weshalb du uns verlässt. Wäre es nicht die Tatsache gewesen, dass du gegangen bist, um Gottes Ruf zu folgen, dann hätten wir Schwierigkeiten, dich gehen zu lassen. Aber weil du gehst, um dem Herrn zu dienen, möchten wir deine Entscheidung unterstützen und dem Herrn danken, dass du Ihm in China dienen darfst.«

Nachdem sie ihn fest an sich gedrückt hatte, blickte sie ihm in seine blauen Augen, die Spiegelbilder ihrer eigenen waren.

»Möge der Herr dich segnen und bewahren! Möge der Herr Sein Angesicht über dir leuchten lassen und dir gnädig sein! Möge der Herr Sein Angesicht über dich erheben und dir Frieden geben!«

Genau in diesem Augenblick kamen die beiden Freunde wieder in die Kabine, um mit Hudson zu beten, bevor das Schiff die Segel setzte. Alle beteten nacheinander, bevor Mrs.

Taylor das Bett ihres Sohnes ein letztes Mal glatt strich. Danach hob sie ihren Rock an, und Hudson geleitete sie an Deck, um sich dort von ihr zu verabschieden. »Grüß bitte Amelia und Louisa ganz herzlich von mir, und wünsch Amelia alles Gute zum Geburtstag!«, drängte Hudson. Mrs. Taylor verließ mit den beiden Freunden benommen den Landungssteg. Sie sank auf einem Baumstumpf nieder und bebte am ganzen Körper.

Ein Ächzen ertönte an der Anlegestelle, als der Anker rasselnd und knarrend wie unter Protest aus dem Schlamm des Mersey hochgezogen wurde.

Während sich die *Dumfries* vom Ufer entfernte, kauerte eine winzige Gestalt unten an der Hafenmole und suchte die Seite des Schiffs danach ab, ob sie noch einen letzten, flüchtigen Blick auf ihren Sohn werfen könnte. Aber sie konnte ihn nicht mehr sehen. Da sank ihr der Mut. Würde es ihm gut gehen?

Gerade in diesem Augenblick erschien seine hohe, schlanke Gestalt wieder am Heck des Schiffes. Er winkte lebhaft, während er etwas in der Hand hielt und ausholte.

»Er will mir etwas zuwerfen!«, keuchte sie aufgeregt. Hudson schleuderte etwas Kleines, Weißes über die dem Land zugewandte Bordwand, das zu ihren Füßen niederfiel. Hastig griff sie danach und hob es auf. Es war ein mehrfach zusammengefaltetes leeres Blatt aus seiner Taschenbibel. Er hatte in aller Eile etwas darauf gekritzelt: »Die Liebe Gottes, die allen Verstand übersteigt. H. T.«

Eben in diesem Augenblick hatte das Schiff das tiefere Wasser des Mersey erreicht; es bildete nun eine riesige Kluft zwischen der Mutter und ihrem Kind. Hudson kletterte in das Takelwerk, um seine Mutter besser sehen zu können.

Die Schleusentore schlossen sich hinter der *Dumfries,* und der Mutter entfuhr ein Angstschrei, der Hudson durch Mark und Bein ging.

Doch dies war kein Irrweg, auf dem er sich befand. Hudson hatte die Kosten überschlagen. Er wusste, dass es schwierig werden würde.

»Herr, mein Gott, ich verlasse meine Familie nicht wegen eines eigenwilligen Begehrens. Hättest Du mich nicht gerufen, wäre ich nicht aus meiner Heimat gegangen. Es ist eine Ehre, Dir zu dienen und für diesen Dienst alles hier aufzugeben.«

Seeleute und Decksarbeiter machten sich in seiner Nähe zu schaffen.

Niemand nahm Notiz von dem angespannten Reisenden, der nach wer weiß wohin unterwegs war. Sie waren viel zu sehr mit dem Setzen der Segel und mit der Strömung in der Küstennähe beschäftigt.

Mit Hudsons Notiz in ihrer Hand, starrte Mrs. Taylor hinaus aufs Meer. Ihr Atem ging in kurzen Stößen, und heiße Tränen rannen ihr über die Wangen. Die beiden Freunde stützten sie, als sie Mühe hatte, ihre Haltung wieder zu gewinnen.

Endlich stand sie auf. Die *Dumfries* war verschwunden; aber sie wusste, dass der Gott, der ihren Sohn nach China begleitete, auch bei ihr und ihrer Familie sein würde.

Der Beginn des Vertrauens

6

Es war ziemlich kalt in Yorkshire. Trotzdem hatten Louisa und Amelia eine Wanderung unternommen. Es war nun schon Monate her, dass sie sich von Hudson verabschiedet hatten, und jetzt waren sie unzufrieden darüber, dass er nichts von sich hören ließ. Um wieder auf andere Gedanken zu kommen und sich selbst aufzumuntern, hatten sie gemeint, ein kurzer Spaziergang sei genau das, was ihnen guttäte. Louisa und Amelia gingen den Weg zum örtlichen Friedhof hinab. Dort hob Amelia ihren Rock an und setzte sich auf einen alten Grabstein in einer Ecke. Louisa begann laut zu lachen.

»Lass bloß nicht den Pastor sehen, was du da machst, Miss Amelia Taylor. Du wirst einen großen Wirbel verursachen, und ganz Barnsley wird über dich reden!«

Amelia lächelte. Allein der Gedanke, sie könne für Aufregung sorgen, war schon lächerlich. Das leichtsinnige Mädchen vor ihr wäre viel eher in der Lage, die Leute dazu zu bringen, über sich zu reden. Aber Louisa begann reifer zu werden, und manchmal konnte Amelia bereits etwas davon erkennen. Louisa wurde erwachsen. Aber auch, wenn sie erwachsen wurde, bedrückte es Amelia, dass Louisa noch nicht errettet war. Sie war in keiner Weise eine Schande für die Familie. Louisa war, wie sie sich selbst beschrieb, »unabhängig und selbstständig«.

Während Amelia ihre jüngere Schwester ansah, die in einem Kirchenfenster ihr Spiegelbild ausgiebig betrachtete, wurde ihr klar, dass sie Louisa genau so, wie sie war, liebte. »Ach, wenn sie doch den Herrn Jesus kennenlernen wollte«, dachte sie, »dann wäre ich sehr erleichtert.«

Auf dem Heimweg fragte Louisa, ob sie sich nicht einmal wieder zusammensetzen könnten, um ihre Tagebücher durchzuschauen.

Die Holzscheite knisterten und sprühten Funken, nachdem Louisa einige weitere in den Kamin geworfen hatte. Dann brachte sie die Kiste mit den alten Tagebüchern herbei. Amelia machte es nichts mehr aus, wenn Louisa darin las. Immer wenn Louisa etwas über sich selbst las, musste sie lachen. Sie konnte Spaß verstehen, und gewöhnlich gehörte viel dazu, sie in Rage zu bringen.

»Ich frage mich, ob ich die Texte über deine so furchtbar aufregende Schwester wiederfinde, Amelia.« Louisa lächelte schelmisch.

»Hoffentlich nicht!«, rief Amelia aus. »Beim letzten Mal war es zu ärgerlich.«

Louisa hielt inne, um nachzudenken. Dann rief sie: »Ich hätte gern etwas darüber gelesen, was geschah, nachdem Hudson sich bekehrt hatte.«

Amelia lächelte, weil sie sich über Louisas Interesse an Hudsons Bekehrung freute. Vielleicht war das eine weitere Chance, an das Herz ihrer Schwester heranzukommen. So wühlte Amelia kurz zwischen ihren alten Tagebüchern, bevor sie eines herauszog.

»Lies dieses hier; ich glaube, es beschreibt jene Zeit. Wir sollten Mutter auch herzubitten, wenn sie ihren Besuch beendet hat. Sie könnte auch ein Tagebuch haben, aus dem sie uns darüber vorlesen könnte.

Louisa nahm das Tagebuch und blätterte es durch. »Hudsons Abreise scheint schon ein Leben lang her zu sein. Es war traurig, dass er gerade einen Tag vor deinem Geburtstag nach China abreiste.«

Amelia seufzte, als Louisa das Tagebuch öffnete und zu lesen begann. Es war in der Zeit entstanden, als Amelia fort war, weil sie zur Schule ging.

Heute erhielt ich einen Brief von Hudson. Alles ist wie gewöhnlich. Vater gibt seine Arzneien Reichen und Armen gleichermaßen. Denen, die nicht bezahlen können, sagt der liebe alte Vater nur: »Alles in Ordnung! Wir werden die Rechnung zum Himmel schicken und von dort aus bezahlen lassen.« Er bleibt immer derselbe. Auch ist er immer noch mit China beschäftigt. Und so haben wir zwei Fanatiker in der Familie. Hudson und Vater müssen Mutter mitunter zum Wahnsinn treiben. Aber wie auch immer, Hudson scheint einmal ganz oben und dann wieder ganz unten zu sein; denn sein Brief beginnt überaus enthusiastisch:

Liebe Amelia!
Ich habe Mr. Whitworth besucht, unseren alten Sonntagsschullehrer. Kannst Du Dich noch an ihn und an seinen langen Backenbart erinnern? Denk Dir nur, er hat Verbindungen zur British and Foreign Bible Society (Britischen und Ausländischen Bibelgesellschaft). Bei wem könnte ich besser versuchen, eine chinesische Bibel zu bekommen?! Ich besuchte ihn, und er gab mir gleich ein Lukas-Evangelium im Mandarin-Dialekt. Er erzählte mir auch von einem Pastor, der mir ein weiteres Buch über China geben kann, das ich noch nicht gelesen habe. Anscheinend wird dieses Buch mir eine Richtung zeigen für

die medizinische Ausbildung, die ich brauche, bevor ich nach China gehe. Während ich mit dem Lukas-Evangelium in Mandarin vorankomme, wird mir klar, dass ich dringend ein chinesisches Wörterbuch und ein Buch über die chinesische Grammatik haben muss. Beides brauche ich unbedingt. Allerdings fehlen mir die zwanzig Pfund, die ich für beide Bücher haben müsste. Manchmal frage ich mich, zu was ich in China überhaupt tauge – ich, ein ungebildeter Sohn eines Apothekers. Ich will aber daran festhalten, dass Gott mit mir ist. Es kann keine Not geben, die Ihm zu groß ist.«

Louisa blätterte wieder durch die Seiten. »Armer Hudson! Er arbeitete so hart. Ah! Hier ist etwas, Amelia, was du einige Wochen später geschrieben haben musst.«

Hudson hat erstaunliche Fortschritte gemacht. Ich konnte gar nicht glauben, was ich heute Morgen las. Er hatte in einer Zeitspanne von wenigen Wochen 500 chinesische Zeichen gelernt!

Hudson und Vater hatten mir in der Vergangenheit gezeigt, wie kompliziert die chinesische Schrift ist. Sie muss unglaublich schwierig sein. Lesen und Schreiben macht in China sehr viel Mühe. Man muss dafür schon außerordentlich klug sein. Jedes Wort in ihrer Sprache hat ein besonderes Schriftzeichen. Und jedes Zeichen sieht wie eine Zeichnung aus. Jede Zeichnung steht für ein anderes Wort. Wenn man das auf uns anwendet, ist es fast so, als ob man Hunderte, ach nein, Tausende von Buchstaben lernen müsse, ehe man mit dem Lesen und Schreiben anfangen könne. Ich bin so dankbar, dass wir nur sechsundzwanzig Buchstaben lernen müssen. Wenn ich Hudson nur zuhöre, werde ich schon ganz müde davon. Hudson sagt, er müsse morgens früh um fünf Uhr aufstehen, um all sein Lernen zu schaffen. Daher finde er es nötig, abends zeitig ins Bett zu gehen.

Kein Wunder! Schon um fünf Uhr! Ich müsste auch früh zu Bett gehen, wenn ich so zeitig aufstehen müsste. Seine Erklärung dafür ist wie immer: »Ich muss lernen, wenn ich nach China gehen will!«

Hudson kann hartnäckig sein, denn er beendete seinen Brief, indem er mir wieder etwas über China erzählte:

»Ich habe mich entschlossen zu gehen, und ich treffe so viele Vorbereitungen, wie ich nur kann. Ich habe auch vor, mein Latein aufzufrischen und Griechisch und Hebräisch zu lernen. Denn ich muss so viel Allgemeinbildung sammeln wie nur möglich.«

O Hudson! Er wird sich zugrunde richten, wenn er nicht aufpasst!

»Hmm ... Einen Moment«, murmelte Amelia. »Es gibt eine Eintragung von wenigen Monaten danach. Ja, hier ist sie. Das war an dem Tag, als ich hörte, Hudson werde nach Hull ziehen.«

Heute antwortete Hudson auf meinen Brief. Alles ist so aufregend. Er hat es geschafft, eine Anstellung bei dem meistbeschäftigten Arzt von ganz Hull zu bekommen. Er wird sein Assistent sein und eine Menge interessanter Arbeit machen. Der Arzt ist Dr. Hardey, ein Schwager unserer Tante. Das scheint genau das zu sein, was Hudson braucht, um medizinisch auf eigene Beine zu kommen. Er hat noch eine Menge medizinischer Erfahrung nötig, bevor er nach China geht. Das Wichtigste ist, dass Hull nicht weit von Barton entfernt liegt, und das ist der Ort, in dem Marianne und auch ich wohnen. Ich glaube, Hudson wird froh sein, so nah bei uns beiden zu sein! Er tritt seine Ausbildung an seinem neunzehnten Geburtstag an, was schon in einigen Wochen sein wird.

Louisa schaute ihrer Schwester über die Schulter. »Wie war es eigentlich für ihn, in einer Arztpraxis zu arbeiten?«

Amelia blickte auf: »Da hat man viel zu tun. An seinem ersten Tag dort brachte er es nicht einmal fertig, vor Mitternacht noch einen Brief zu schreiben.« Dann entdeckte Amelia eine kleine Notiz:

Es ist Mitternacht, und ich bin endlich in meiner Wohnung in Charlotte Street 13 eingetroffen. Dies ist nur eine kurze Notiz, um Dir etwas über meine neue Lage mitzuteilen. Soweit ich es jetzt überblicken kann, glaube ich, dass es mir sehr gut gefallen wird. Ich habe zum Mittagessen und auch zur Teezeit jeweils eine Stunde frei. Auch darf ich manchmal am Abend nach Barton gehen, wenn ich meine Arbeit geschafft habe. Ich will auch Überstunden machen, wenn es nötig ist. Gott hat mir bis jetzt alle meine Gebete erhört, und Er wird mir bis zum Hochsommer noch mehr Gebete erhören.

Du verstehst das, oder?!

In Liebe, Hudson.

Louisa schaute verständnislos drein. »Ist das eine verschlüsselte Mitteilung? Was meinte er mit ›Hochsommer‹?«

»Nun«, gab Amelia zu, »das bezieht sich wahrscheinlich auf Marianne. Wenn er etwas zu Papier brachte, war er stets sehr diskret.«

»Falls Mutter oder jemand anders das zu lesen bekäme?«

»Ich denke schon. Wegen Marianne machte er sich wirklich Sorgen, fürchte ich. Aber China beschäftigte ihn noch viel mehr. Gott hatte ihn dorthin gerufen, und das bedeutete ihm alles.«

»Na ja, wie sah es denn in Hull aus?«, erkundigte sich Louisa. »Es ist schon eine Ewigkeit her, dass ich dort war.«

»Es ist tatsächlich eine Stadt voller Fischer. Hull liegt genau da, wo der Fluss Hull in den Humber mündet. Hudson hat seine Zeit dort richtig genossen. Er musste immer fleißig sein. Er teilte Arzneien aus, führte Buch, verband Wunden, half bei Geburten und besuchte eine medizinische Schule. Dr. Hardey gab sich bei Hudsons Ausbildung große Mühe, und beide beteten auch zusammen in der Praxis. In Hull hörte Hudson auch das erste Mal von Georg Müller. Mr. Müller hat großen Einfluss auf Hudson gehabt.

»Ich muss dir diesen Auszug vorlesen: Hudson war noch nicht lange in Hull, als er erfuhr, ein erfahrener China-Missionar, ein Mr. Lobscheid, käme nach England. Hudson wollte ihn unbedingt sprechen. Er arrangierte das Treffen zu der Zeit, als im Kristallpalast im Hyde Park die Londoner Industrieausstellung 1851 stattfand. Hudson bekam eine ganze Woche Urlaub. Er buchte Unterkünfte für uns in Soho, einem Stadtteil von London. Und zu meinem sechzehnten Geburtstag lud er mich ein, eine ganze Woche lang die Weltausstellung anzuschauen, um dann Mr. Lobscheid zu treffen.«

Louisa antwortete: »Ja, ja, ich erinnere mich, wie neidisch ich war. London – und dann noch die Große Ausstellung!« Amelia lächelte und übergab Louisa das Tagebuch, damit sie laut vorlesen konnte:

> Welch ein Tag! Ich kann kaum begreifen, was hier alles los ist. Als Erstes standen wir auf und hatten ein herrliches Frühstück. Dann gingen wir zu der Großen Indus-

trieausstellung. Ich hatte schon so viel davon gehört und war sehr aufgeregt, weil ich nun tatsächlich dorthin ging. Ich, ein kleines Mädchen aus Yorkshire, sollte London besuchen! Ich konnte es kaum glauben.

Endlich kamen wir in dem glitzernden Palast an, der mir fast den Atem nahm. Wenn ich die Wahrheit sagen soll, hatte ich schon über Piccadilly gestaunt mit all den vielen Leuten und dem Lärm; doch als ich am Kristallpalast ankam, wusste ich sofort, dass ich etwas Derartiges nie wieder zu sehen bekommen würde. Den Anblick vergisst man nie: Glas von oben bis unten. Alles strahlt in der Sonne wie Diamanten, wenn man durch den Hyde Park geht.

Wir mussten stundenlang herumgewandert sein, um all die Erfindungen und Entdeckungen zu betrachten. Maschinen verschiedenster Art gab es an jeder Ecke, und erstaunliche Möglichkeiten, mit den Leuten zu reden. Alles, was es unter der Sonne gibt, war da zu sehen, vom Erhabensten bis zum Lächerlichsten. Mein Kopf konnte gar nicht alles fassen.

Die Menschenmenge, die sich in den Palast drängte, war ein weiteres Schauspiel. Ich habe nie so viele Menschen beieinander gesehen, und alle waren dort an demselben Platz. Erst fühlte ich mich richtig verlassen und verwirrt. Viele Leute waren mit den billigen Reisezügen zu der Ausstellung gekommen, die man aus fast allen Gegenden Englands eingesetzt hatte. Das war wirklich eine wunderbare Art, meinen sechzehnten Geburtstag zu feiern!

Aber das war nicht alles. Es kam die Mittagszeit, und Hudson hatte ein weiteres Vergnügen vorbereitet. Wir sollten stilvoll in einem Luxusrestaurant essen. Ich muss mich immer noch selbst kneifen, wenn ich heute daran denke. Wir setzten uns an einen Tisch, der mit Silberbesteck gedeckt war. Hudson fragte mich, was ich gern essen möchte. Ich fand diese Frage ein bisschen verwirrend, weil ich es nicht gewohnt war, aussuchen zu dürfen, was ich essen wollte. So entschloss Hudson sich, mir mit einem oder zwei Vorschlägen zu Hilfe zu kommen. Da entdeckten seine Augen etwas. Ich folgte seinen Blicken und sah etwas Erstaunliches, etwas, was ich noch nie gesehen hatte. Es war weit eigenartiger als alle Erfindungen und sah auch gefährlicher aus als all die Maschinen, die ich am Vormittag gesehen hatte. Ängstlich fragte ich Hudson: »Was meinst du, was das ist, und was meinst du, was die Leute damit machen?«

Hudson kicherte, als ich dorthin starrte. Zwei Menschen, ein Herr und eine Dame, hatten das riesige Ding mitten auf ihrem Tisch stehen. Es war oval und hatte eine Art Zacken, die aus allen Seiten hervorstachen, und von oben sprosste irgendetwas Besonderes heraus. Hudson versteckte sich hinter seiner Speisekarte und flüsterte mir zu: »Amelia, die essen das!« Ich drehte mich wieder um und sah, wie ein Kellner es zerschnitt, was nun wie eine sehr große, ungewöhnliche Frucht aussah. Ich hörte, wie die Dame ausrief: »Oh, das ist ja wunderbar! Eine Ananas!« Sie hatte offensichtlich schon einmal eine gegessen und genossen, sonst hätte sie nicht auf diese Weise reagiert. Hudson blickte mich an, und ich blickte auf ihn. »Das können wir uns nicht leisten!«, stöhnte ich.

»Doch, das können wir«, sagte er. »Hier steht sie auf der Speisekarte. Wenn wir sie uns teilen, wie jener Herr und seine Frau, wird unser Geld reichen. Ich möchte selbst auch einmal eine Ananas probieren.«

Hudson bestellte die Ananas, und wir schauten zu, wie sie bei uns am Tisch zerlegt wurde. Mein Bruder hatte beobachtet, wie das andere Paar die Frucht aß, und er fing sofort an zu essen. Ich sah ihm zu. Sein ganzes Gesicht erhellte sich.

»Amelia«, japste er, »es gibt nichts, was so süß ist, so wohlschmeckend, wie diese Ananas! Mir fehlen die Worte, ich kann nicht beschreiben, wie …« – aber ich hatte mich schon herangewagt und genoss sie selbst.

Noch mit dem süßen Geschmack der Ananas auf den Lippen, verließen wir die Ausstellung, um durch die überfüllte Stadt zur Bank von England zu gehen. Hudson hatte sich dort mit einem Mr. Pearse verabredet. Mr. Pearse ist der Sekretär der Chinesischen Gesellschaft und Mitglied der Börse. Er sorgte dafür, dass wir am nächsten Sonntag in die Brook Street Chapel in Tottenham kamen, wo Hudson endlich Mr. Lobscheid vorgestellt werden sollte. Vielleicht konnte Mr. Lobscheid Hudson bei seinen Plänen helfen, nach China zu gelangen.

Louisa unterbrach ihre Schwester, indem sie sagte: »Und was war dieser Lobscheid für ein Kerl?«

»Mr. Lobscheid war etwas sonderbar. Er war laut und rothaarig.«

Louisa lachte laut los. »Und das hast du in dein Tagebuch geschrieben, Amelia Taylor? Das lass deine Mutter mal lieber nicht hören!«

»Was sollte ich lieber nicht gehört haben?« Mrs. Taylor kam eilig in das Wohnzimmer, und Amelia errötete. »Ach nichts, Mutter.«

»Wie bitte, Amelia?!«, sagte sie streng.

»Ich erinnerte mich nur an jenen Herrn, den Hudson und ich nach der Londoner Industrieausstellung trafen, Mr. Lobscheid. Ich habe in mein Tagebuch geschrieben, er sei sonderbar, laut und rothaarig gewesen und auch, dass Mr.

Lobscheid zunächst nicht dachte, Hudson sei für die China-Mission geeignet.«

»Das hat sich nun ganz sicher als falsch herausgestellt«, sagte Mrs. Taylor leicht verschnupft.

Amelia erklärte: »Als er Hudsons blondes Haar und seine blau-grauen Augen sah, meinte er: »Sie nennen mich einen ›rothaarigen, barbarischen Teufel‹. Die Chinesen werden vor dir in großer Angst fortlaufen. Du wirst sie nie dazu bringen, dir zuzuhören.

Hudson hat darauf ganz ruhig geantwortet: ›Und doch ist es Gott, der mich berufen hat, und Er kennt die Farbe meiner Haare und Augen.‹«

Mrs. Taylor lächelte, als ihre Gedanken zu den ersten Tagen in Hull zurückeilten. »Aber dann kam der Kummer, den wir mit Tante Hannah hatten! Damals, als Hudson seine Wohnung wechselte.

Ihr wisst, dass ich eines Tages von Hudson die Nachricht erhielt, er müsse bei Dr. Hardey ausziehen und zu Tante Hannah nach Kingston Square ziehen. Die Hardeys mussten Hudsons Zimmer einem Verwandten geben, der es brauchte. Das Ganze entwickelte sich sehr gut. Hudson war für Tante Hannah und Richard eine große Hilfe. Deshalb war Tante Hannah auch ein bisschen ärgerlich, als Hudson sich entschloss, auch von dort fortzugehen.«

»Warum tat er das?«, fragte Louisa.

»Das war eigentlich gar nicht nötig. Doch Hudson hatte sich dazu entschlossen. Er wohnte eigentlich gern in Kingston Square, und Richards und Tante Hannahs großer Freundeskreis besuchte sie immer unangemeldet. Hudson gefiel die familiäre Atmosphäre, besonders wenn Amelia kam und den Sonntag dort verbrachte. Allerdings hatte Hudson seine Bibel studiert und darin gelesen, man müsse den Zehnten von allem Einkommen dem Herrn geben. Hudson wurde klar, dass zu seinem Einkommen auch das gehörte, was ihm gegeben wurde, um Tante Hannah für ihre Versorgung und die komfortable Wohnung zu bezahlen.« Mrs. Taylor stand auf und ging zur Tür. »Er kalkulierte alles und kam zu dem Schluss, dass er nicht genug übrig behielt, um davon leben zu können. Hudson blickte sich überall nach billigeren Wohnungen um. Er hat bald auch eine gefunden, und das war es eben. Ihm war es wichtiger, Gott zu gehorchen, als komfortabel zu wohnen, wenigstens so viel an ihm lag …

Mädchen, ich habe mir überlegt, dass wir heute Nachmittag, während wir alle drei zusammen sind, Hudson vielleicht gemeinsam einen Brief schreiben könnten. Aber zuerst müssen wir fürs Mittagessen sorgen. Amelia, kannst du den Tisch decken?«

Der Taylor-Haushalt wurde wieder lebendig. Für eine Weile legten sie ihre Erinnerungen und Tagebücher beiseite und konzentrierten sich auf das, was Tag für Tag zur Haushaltsführung nötig war. Doch die Mahlzeit und die Aufräumarbeiten danach waren bald erledigt, und Mrs. Taylor kam mit einem Korb voller Garnröllchen und Knöpfe ins Wohnzimmer zurück – eine Reihe von Tagebüchern hielt sie unter den Arm geklemmt. Louisa schaffte Papier und Schreibzeug herbei.

»Wir werden Hudson nachher schreiben, noch nicht jetzt. Amelia kann mit dem Strümpfestopfen weitermachen, und du, Louisa, liest währenddessen aus meinem Tagebuch vor.« Mrs. Taylor übergab Louisa das Tagebuch und zeigte ihr, wo sie mit dem Lesen beginnen sollte.

> Hudson hat geschrieben, er habe sich in seiner neuen Wohnung in Cottingham Terrace 30 schon gut eingelebt. Mrs. Finch scheint eine nette Christin zu sein, und ihr Mann ist Seemann. Darum ist er oft nicht zu Hause. Ich weiß nicht genau, ob er auch ein Christ ist oder nicht. Aber Hudson

freut sich über sein Zimmer, für das er nur drei Schillinge pro Woche zahlen muss. Es befindet sich ein Kamin darin, den Mrs. Finch anscheinend täglich blank putzt, ein Bett, ein Stuhl und ein Tisch. Hudson berichtet in seinem Brief, dass er von seinem Fenster aus die Eisvögel und die Reiher beim Fischen beobachten kann, und andere Wasservögel nisten im Schilf des Flusses, der direkt unter seinem Fenster entlangfließt.

Ich freue mich, dass sich soweit alles gut entwickelt; denn ich ärgerte mich zunächst, als er sagte, er wolle umziehen. Hannah sah das genauso. Es bedrückte sie, dass er mit ihnen in Kingston Square nicht zufrieden gewesen sei, oder dass er meinte, die Miete dort sei zu hoch. Ich habe von Hannah zwei oder drei Briefe wegen dieser Angelegenheit bekommen und hatte Mühe, ihr zu versichern, dass Hudson sich bei ihr wirklich sehr wohl gefühlt habe, doch dass andere Dinge eine Rolle gespielt hätten.

Hudson meint, er müsse ein Leben beginnen, durch das er ein bisschen abgehärtet werde. Unser Heim ist nicht der Inbegriff von Luxus; aber ich muss zugeben, dass es uns allen gut geht, und Hudson hat es nie an etwas gemangelt. Weiter schreibt er in seinem Brief: »Die Gemeinde ist bereit, mich nach China gehen zu lassen. Darum geht es mir jetzt vor allem um zwei Dinge: Erstens will ich lernen, Mühsale zu ertragen, und zweitens will ich möglichst sparsam leben. Aber, liebe Mutter, mach Dir keine Sorgen; es wird mir dabei gut gehen. Mein Gott wird für mich sorgen.«

Aber ich kann es nicht ändern, dass ich mir Sorgen mache, wenn ich so etwas lese. Das ganze Gerede vom einfachen Essen macht mich richtig krank. Zum Frühstück isst er braune Kekse, die – wie er schreibt – so billig wie

Brot sind, aber viel besser schmecken. Dazu gibt es Hering und schwarzen Kaffee. Du liebe Zeit, er hat sogar angefangen, sein eigenes Sauerkraut einzulegen. Dann erzählt er, er habe Käse entdeckt, den er für vier bis sechs Pence das Pfund kaufen kann. Er schreibt darüber, dass er besser schmecke als mancher, den er zu Hause gegessen hat, der acht Pence kostete. Aber das ist doch keine gesunde Ernährung: braune Kekse, Heringe, Sauerkraut und Käse! Und Amelia sagt mir, dass er den Rest seines Geldes einfach weggibt. Er hat ihr gestanden, dass dies ungefähr 60% seines Verdienstes ausmache! Ich bin besorgt um ihn. Mir erzählt er ja nur die Hälfte. Doch Amelia hat er versichert, er sei umso glücklicher, je mehr er fortgebe. In einem Brief an sie schreibt er: »Unaussprechliche Freude den ganzen Tag über, und das zu aller Zeit – das ist meine glückliche Erfahrung. Gott ist eine lebendige Realität. Er ist mein sicherer Fels, und alles, was ich hier tun darf, ist freudevoller Dienst für Ihn.«

Wie wird er in China überleben können?! Darüber denke ich jeden Tag mehr und mehr nach. Da draußen wird er niemanden haben, niemanden, der ihm helfen kann oder der darauf achtet, dass er sich ordentlich ernährt. Seine einzige Hilfe wird sein Gott sein. Ich müsste mehr Gottvertrauen haben! Gott ist mehr als genug Hilfe für jeden. Hudson schließt seinen Brief mit den Worten:

»Bevor ich nach China ausreise, wo ich für meine täglichen Bedürfnisse ganz und gar von Gott abhängig bin, muss ich lernen, Ihm auch darin zu vertrauen.«

Das bestimmt fortwährend all sein Denken, und ich kann erkennen, wie viel Weisheit darin liegt. Letztendlich ist es Gott allein, der die Menschen regiert und Hudsons Bedürfnissen entsprechen kann – Er wird in jeder Hinsicht für ihn sorgen.

Dann erinnerte sich Mrs. Taylor an etwas: »Gott sei Dank, dass Er uns in der Vergangenheit bereits gezeigt hat, wie Er für Hudson sorgen kann. Erinnert ihr euch noch an die Schwierigkeiten mit Hudsons Gehalt?«

Amelia seufzte und nickte mit dem Kopf.

Mrs. Taylor fuhr fort: »Ich hörte von alledem nichts, als es gerade passiert war, sonst wäre ich wie der Blitz nach Hull gereist! Offensichtlich hatte Robert Hardey die Angewohnheit, zu vergessen, Hudson seinen Lohn auszuzahlen. Aber gewöhnlich vergaß er es nicht für allzulange Zeit, höchstens für ein oder zwei Tage. Aber einmal hatte Hudson nur noch äußerst wenig Geld, und die Tage gingen vorbei, ohne dass er etwas bekam. Er bat nicht um den Lohn, was typisch für Hudson war. Er bestand darauf, Gott werde für ihn sorgen. Das war die einzige Möglichkeit, zu erproben, ob er berufen war, in der weit raueren Atmosphäre vom Inland Chinas zu arbeiten.

Jedenfalls war sich Hudson bewusst, nur noch eine Halbkronenmünze zu besitzen. Das war alles, was er noch hatte. An jenem Abend dachte er über seine trostlose finanzielle Situation nach, als es heftig an der Tür klopfte und ein großer, kräftig gebauter Mann vor ihm stand, der seine Mütze in der Hand hielt und ihn ängstlich ansah.

›Bitte, mein Herr‹, sagte er und klang dabei sehr verzweifelt. Hudson erkannte von seinem Dialekt her, dass er ein Ire war. Er sah ganz elend aus. ›Bitte, mein Herr, meine Frau liegt im Sterben! Könnten Sie bitte kommen und mit ihr beten?‹

Hudson wunderte sich. Gewöhnlich würden irische Familien nach einem Priester schicken, um mit einem Sterbenden zu beten. So fragte er den Mann, warum er das nicht getan habe. ›Das habe ich, mein Herr‹, antwortete der Fremde. ›Ich habe gleich jemanden zu einem Priester geschickt; aber der hat sich geweigert zu kommen, weil ich ihm keine achtzehn

Pence geben konnte. Ich habe nicht so viel, und meine Familie hungert.‹

Hudson willigte ein, mit dem Mann zu gehen, ergriff seinen Mantel und seine Tasche und folgte dem verzweifelten Menschen durch manche Straßen und Hinterhöfe zu der jämmerlichen Behausung, die dieser sein Heim nannte. Während sie beide durch die Dunkelheit schritten, hing jeder seinen Gedanken nach. Hudson fiel seine einzige halbe Krone ein. Das war alles, was er hatte – aber es war nur eine Münze. Zu dieser späten Tageszeit hatte er natürlich keine Gelegenheit, sie gegen kleinere Münzen einzutauschen. Darum konnte er dem Mann nicht mit ein bisschen Geld helfen. Und außerdem hatte Hudson daheim auch nur noch Lebensmittel für morgen früh, aber sonst nichts mehr. ›Hätte ich doch bloß diese halbe Krone in kleineren Münzen, dann könnte ich den armen Leuten einen Schilling geben!‹

Hudson folgte dem Mann durch einen Vorgarten und erinnerte sich, hier schon einmal gewesen zu sein. ›Als ich das letzte Mal hier war, schnappten die Leute sich meine Traktate, zerrissen sie und versprachen mir, das liebe Leben aus mir herauszuprügeln, wenn ich jemals wieder hierherkäme.‹ Ängstlich folgte er dem Mann die schmalen Stufen in die Dunkelheit hinauf, bis er in einen schmutzigen, feuchten Raum geführt wurde. Fünf verängstigte Augenpaare schauten hinter der Tür hervor auf Hudson. Als er genauer hinsah, entdeckte er die eingefallenen Wangen und die strähnigen Haare der unterernährten Kinder.

Hudson vernahm das Wimmern eines Neugeborenen im Nebenzimmer. Eine sehr abgezehrte Frau lag auf dem Fußboden und versuchte, das Baby zu stillen. Hudson blickte sie an und hörte sich sagen: ›Verzweifle nicht, es gibt im Himmel einen freundlichen und liebenden Vater!‹ Aber gleichzeitig hasste er sich selbst für diese Worte, weil er nicht bereit war,

Gott für seine eigene Versorgung zu vertrauen und dieser armen Familie seine halbe Krone zu geben. Innerlich verurteilte er sich: ›Du Heuchler! Du sprichst zu diesen unbekehrten Menschen von einem gütigen, liebenden Vater im Himmel, und du selbst vertraust Ihm nicht, wenn du dich von deiner halben Krone trennen solltest!‹

Danach drehte er sich zu dem Mann um und sagte: ›Du batest mich, für deine Frau zu beten.‹ Hudson kniete sich nieder und betete: ›Unser Vater, der Du bist im Himmel …‹ Aber im gleichen Augenblick strafte ihn sein Gewissen: ›Wie kannst du es wagen, Gott als deinen Vater anzurufen, wo du doch eine halbe Krone in der Tasche hast!‹

Hudson brachte kaum sein Gebet zu Ende. Der Ehemann hielt die Hand seiner Frau, drehte sich zu Hudson um und klagte: ›Sie sehen, in welch verzweifelter Lage wir sind, mein Herr. Wenn Sie uns helfen können, dann tun Sie's um Gottes willen!‹

Hudson blickte auf die fünf hungrigen Kinder, auf das Neugeborene, auf die sterbende Mutter – und erinnerte sich an die Worte von Matthäus 5,42: ›Gib dem, der dich bittet!‹ Darum steckte er die Hand in die Tasche und holte die halbe Krone heraus. Dabei sagte er dem verzagten Vater ganz ruhig: ›Vielleicht magst du denken, es würde mir ganz leichtfallen, die halbe Krone wegzugeben. Aber das ist alles Geld, was ich habe. Doch ich vertraue Gott, der wie ein Vater für mich sorgt!‹

Jetzt konnte Hudson den Leuten freimütig und aus tiefster Überzeugung das Evangelium verkündigen und verließ daraufhin den Mann, der mit Tränen in den Augen dastand und nun zu seiner Frau sagte, jetzt habe sich der Wind gedreht, und alles werde wieder gut. Gott hätte sich ihrer erbarmt und ihnen geholfen. Als Hudson durch den Vorgarten ging, war sein Herz nach seinen eigenen Worten ›so leicht wie seine Tasche‹.

Zu Hause setzte er sich an seine Schüssel mit dünnem Haferbrei. Doch war er der Meinung, ihn für kein fürstliches Festmenü eintauschen zu wollen. ›Lieber Gott‹, so betete er, als er vor seinem Bett kniete, ›Dein Wort sagt: Wer sich über den Armen erbarmt, der leiht dem Herrn (Spr. 19,17). Bitte hilf, dass die Rückzahlung nicht zu lange dauert, weil ich schon morgen nichts mehr zum Mittagessen habe!‹

Nebenbei erwähnt: Die Frau überlebte, und auch das Baby wurde gerettet. Später hat Hudson oft gedacht, dass sein ganzes geistliches Leben zusammengebrochen wäre, wenn er in jenem Augenblick keinen Mut gehabt hätte, auf Gott zu vertrauen …«

Louisa wollte gerade ihre Mutter unterbrechen. Da sagte Amelia: »Einen Augenblick mal, Louisa, die Geschichte ist noch nicht zu Ende.«

Mrs. Taylor fuhr fort: »Am nächsten Morgen aß Hudson sein Frühstück, als der Postbote an die Tür klopfte. Gleich darauf trat Mrs. Finch, die Vermieterin, ins Zimmer und überreichte Hudson ein Päckchen. Die Handschrift auf demselben war unbekannt, und Mrs. Finchs nassen Hände hatten die Anschrift auch noch verwischt. Hudson öffnete es und entdeckte ein Paar Glacéhandschuhe. Von wem mochten die gekommen sein? Hudson konnte es sich nicht denken. Er schaute sich die Handschuhe genauer an. Sie waren wirklich gut und würden seine Hände schön warmhalten. Da fiel etwas aus einem der Handschuhe heraus. Hudson kniete sich hin und versuchte auf Händen und Füßen, das verschwundene Objekt zu finden. Als er es endlich hatte, staunte er sehr und wäre beim Aufstehen vor Unachtsamkeit beinahe mit dem Kopf an die Tischplatte gestoßen. Eine glänzende Goldmünze im Wert von einem halben Pfund Sterling lag in seiner Hand!

›Ein halbes Pfund Sterling! Gelobt sei der Herr! Vierhundert Prozent Zinsen für eine Ausleihe von kaum zwölf Stunden! Das war ein guter Gewinn! Wie würden sich die Händler in Hull freuen, wenn sie ihr Geld zu solchem Zinssatz ausleihen könnten!‹ Da fiel Hudson ein, was Georg Müller einmal über das Himmelreich gesagt hatte: ›Die Bank des Himmels macht nie Pleite.‹ Von dem Augenblick an entschied sich Hudson, dass ›die Bank, die nie Pleite macht‹, all sein Geld bekommen sollte. ›Wenn wir in kleinen Sachen treu sind‹, so folgerte er, ›werden wir Erfahrungen machen und Kräfte gewinnen, die uns helfen werden, auch mit den ernsteren Prüfungen des Lebens fertig zu werden.‹

Hudsons Glaube war gestärkt; doch das halbe Pfund Sterling reichte nicht für immer. So begann er, beharrlich um eine größere Summe zu beten, die er brauchte. Trotzdem war er zehn Tage nach dem Erhalt des halben Pfund Sterlings fast ebenso armselig dran wie zuvor.

›Lieber Gott, bitte, erinnere Dr. Hardey daran, dass mein Gehalt längst überfällig ist!‹, betete er inständig.

Hudson ging es ja nicht nur um das Geld. Ihm war klar, dass es eine Prüfung seines Vertrauens auf Gott war. Denn letzten Endes war das die Situation, in die er kommen würde, wenn er nach China ausreiste. Hudson merkte, dass er sich im Gebet ganz und gar auf den Herrn verlassen musste.

Viele werden das für total verrückt halten. Ihm stand sein Gehalt doch zu, und er hätte einfach zu Dr. Hardey gehen und hier und jetzt sein Gehalt einfordern können. Dazu war er berechtigt, und er hätte keine Sünde begangen, wenn er dies getan hätte. Was aber Hudson sicherstellen wollte, war diese Frage: Bin ich wirklich zu einem Leben in völliger Hingabe an Gott bereit? Er sah in dieser Situation einen lebenswichtigen Test, den er bestehen musste. Konnte er wirklich vollkommen auf Gott vertrauen?

Es wäre so einfach für ihn gewesen, den Doktor um sein Gehalt zu bitten. Aber stattdessen war es ihm klar, dass er in Gott ruhen und auf Dessen Fürsorge warten sollte. China würde kein Ort sein, wo man ein bequemes Leben führen kann. Er würde zwar von einer Missionsgesellschaft und durch Zuwendungen von zu Hause unterstützt werden; aber er würde nicht damit rechnen dürfen, dass er dieses Geld regelmäßig bekommen werde.

Am Samstagmorgen saß Hudson auf der Bettkante, kaute an seinen Nägeln und bestürmte den Himmel mit seinen Gebeten. Am Ende dieses Tages musste er Mrs. Finch die monatliche Miete bezahlen. ›Sollte ich nicht doch Dr. Hardey um mein Gehalt bitten? Ein einziges, ihm kurz ins Ohr geflüstertes Wort würde alle Not beenden, und Mrs. Finch brauchte nicht auf die Mietzahlung zu warten. Auch sie hat doch das Geld nötig. Ich möchte nicht, dass sie etwas umsonst für mich tut.‹ Wieder betete er und erinnerte sich, dass Gott zu Seiner Zeit antworten würde. Also wartete er weiter und verrichtete an diesem Tag ganz entspannt seine Arbeit.

Am Nachmittag war Hudson um fünf Uhr zusammen mit Dr. Hardey, der das letzte Rezept aufschrieb, in der Praxis. Als das erledigt war, lehnte er sich mit einem Seufzer der Erleichterung in seinen Sessel zurück. ›Na, Hudson, schon wieder 'ne Woche vorüber. Die Zeit fliegt nur so dahin, wie man so sagt, besonders in einer Arztpraxis.‹

Hudson nickte, indem er seinen Blick kurz auf den Doktor richtete, bevor er sich wieder auf das Arzneimittel konzentrierte, das er auf dem Ofen erhitzte. Hudson stieß vor Schreck beinahe die Pfanne vom Ofen, als er hörte, wie der Doktor sich räusperte und murmelte: ›Ach, Hudson: Eigentlich sollte doch dein Gehalt bald fällig sein. Ich werde das erledigen.‹ Hudson schluckte ein paarmal, bevor er so gelassen wie möglich antwortete: ›Es ist schon seit einiger Zeit fällig.‹

Dr. Hardey fuhr in seinem Sessel hoch. ›Warum hast du denn nichts gesagt?! Du hättest mich erinnern müssen!

Es tut mir leid, dass das passiert ist; ich hätte früher daran denken sollen.‹ Der Doktor sah beschämt und auch ziemlich irritiert aus. ›Ich habe heute Morgen alles Geld, das ich hier hatte, auf die Bank gebracht. Sonst würde ich dich sofort entlohnen. Aber wie es nun einmal ist, werde ich dir vor Montag nichts geben können, bevor die Banken wieder geöffnet sind.‹

Hudson wurde es übel! Es war, als wollten seine Beine jeden Augenblick den Dienst versagen. Eben hatte er noch gedacht, Gott habe für alles gesorgt, und dass er Mrs. Finch wie versprochen die Miete zahlen könne, da ging doch noch alles schief. Es war, als hätte jemand Hudson den Teppich unter den Füßen weggezogen, um ihn der Länge nach hinfallen zu lassen. In diesem Augenblick begann die Arznei in der Pfanne wie wild zu brodeln, und Hudson musste sie packen und damit aus dem Zimmer rennen. Das war sein Glück, denn sobald er aus dem Raum war und die Pfanne auf eine sichere Grundlage gestellt hatte, schossen ihm die Tränen in die Augen. Hudson ballte die Faust und bezwang seine Gefühle; denn er wollte nicht, dass der Doktor ihn in solchem Zustand sehen sollte. ›Gott, hilf mir! Gott, hilf mir!‹, weinte er. Nach diesem kurzen Gebet fühlte er sich besser und konnte sich wieder beherrschen. Seine Hände zitterten nicht mehr, sodass er die jetzt abgekühlte Arznei in eine Medizinflasche gießen konnte. Er wusste wieder, dass Gott ihn nicht im Stich lassen werde.

Den Rest des Abends verbrachte er in der Praxis, las in der Bibel und bereitete einige Gespräche vor. Um zehn Uhr zog Hudson seinen Mantel an und packte seine Notizen ein. Ein Blick auf die Uhr verriet ihm, wie spät es war, und dass Mrs. Finch jetzt im Bett sein werde. Er würde seinen eigenen Schlüssel gebrauchen, um hineinzukommen. Und morgen würde er sie vielleicht bitten, ob er auch Anfang der nächsten

Woche bezahlen könne. Das war zwar nicht schön, aber er hatte keine andere Wahl.

Gerade als Hudson die Lampen in der Praxis ausgedreht hatte, hörte er, wie Dr. Hardey geradezu tänzelnd den Gartenweg heraufkam. ›Hudson Taylor! Du wirst dir nicht vorstellen können, was gerade passiert ist!‹

Dr. Hardey sprang in die Praxis und hielt eine Faust voller Banknoten in der einen Hand und einen Beutel voller Goldmünzen in der anderen. ›Hol das Kassenbuch, Junge! Ich muss heute Abend noch einige letzte Abrechnungen durchführen. Nimm dies!‹ Dabei schob ihm Dr. Hardey eine Handvoll Banknoten in die Hand. ›Mein reichster Patient hatte sich heute Abend vorgenommen, seine Rechnungen zu bezahlen, und das in bar! Kannst du dir das vorstellen?! Ich habe noch nie erlebt, dass er mir jemals Bargeld gab! Sonst bezahlt er immer mit Schecks. Das machen die meisten Geschäftsleute hier so. Gewöhnlich bezahlt er seine Rechnungen, wenn er sich untersuchen lässt. Niemals kommt er einfach so bei mir vorbei. Ja – außer heute Abend!‹ Der Arzt krümmte sich vor Lachen. ›Ich freue mich so, dass ich dich jetzt bezahlen kann! Es hat mich so geplagt.‹

Auch Hudson lachte, und Tränen der Erleichterung liefen ihm übers Gesicht. Der Doktor dachte nur, dass sein junger Assistent ebenso über diesen Vorfall lachen musste wie er selbst. Er wusste ja nicht, in welch einer verzweifelten Lage Hudson sich befunden hatte.

Als unser Sohn an diesem Abend die Praxis verließ, fühlte er sich, als ginge er auf Wolken. ›Gelobt sei der Herr! Ich kann also doch nach China gehen! Ich habe die Prüfung bestanden! Ich vertraute auf Gott, und Er hat mich nicht enttäuscht.‹ Laute Freudenrufe entrangen sich seinem erleichterten Herzen. Sie hallten von den hohen Miethäusern mehrfach wider, während er seinen Weg zur Drainside fortsetzte, wo sich sein

Zuhause befand.

Ein alter Mann riss das Fenster auf und rief ihm nach: ›Sei still, du junger Rabauke!‹ Hudson verstummte sofort und entschuldigte sich wortreich, lief aber trotzdem mit leichten Schritten den ganzen Weg nach Hause.«

»Das war eine gute Geschichte!«, rief Louisa aus.

»Ich wünschte, wir hätten trotzdem endlich einen Brief von ihm«, seufzte Amelia.

Der Sturm beginnt

7

Später am Abend blätterte Mrs. Taylor ein Heftchen durch, das sie am Morgen von der Chinesischen Evangelisationsgesellschaft bekommen hatte. Man nannte sie kurz CEG. Das war die Gesellschaft, der sich Hudson angeschlossen hatte und von deren finanzieller Unterstützung er abhängig war. Das war wirklich nicht die am besten organisierte Missionsgesellschaft, und sie würde später auch noch manche Probleme für Hudson verursachen. Nicht lange nachdem die CEG ihre Pläne bekannt gemacht hatte, Missionare nach China zu schicken, hatte Hudson eine Fahrkarte nach London gebucht. Er hatte nämlich das Gefühl, noch weitere medizinische Ausbildung nötig zu haben, um in China von Nutzen sein zu können. Amelia hatte ihn zum Bahnhof gebracht und weinte sich fast die Augen aus; trotzdem sah sie in ihrem rosa Kleid mit dem großen Blumenmuster bildhübsch aus. Sie erzählte später von Hudson, er habe sehr ernst und erwachsen ausgesehen, als er ins Unbekannte wegfuhr.

»Hilf uns allen!«, dachte Mrs. Taylor, als es ihr bewusst wurde, dass er nun in China war. »Damals waren wir schon beunruhigt, als er nur nach London abfuhr!«

In London hatte er das Sezieren gelernt. Wegen einer Unachtsamkeit seinerseits zog er sich an einer infizierten Leiche ein gefährliches Fieber zu. Hudson war froh, bei dieser Gelegenheit mit dem Arzt über das Heil sprechen zu können.

Auch sprach er mit ihm über die Freude, bald bei seinem Herrn sein zu dürfen. Dabei war er jedoch überzeugt, dass er jetzt nicht sterben müsse, weil es sein Auftrag war, das Evangelium in China zu verkündigen.

Leider musste Hudson sich einen Erholungsurlaub nehmen und fuhr nach Hause. Er hatte weiterhin seine gewöhnlichen Geldprobleme. Seine alte Londoner Wirtin war in eine finanzielle Zwangslage geraten, und Hudson entschloss sich, ihr zu helfen. Sofort gab er ihr Geld von seinem eigenen Gehalt. Das bedeutete allerdings, dass er nun überhaupt kein Geld mehr hatte. Aber Gott kümmerte sich um ihn, und schließlich hatte er Geld genug, um nach Barnsley zurückfahren zu können.

Mrs. Taylor seufzte, während sie sich ein weiteres Paar Socken zum Stopfen vornahm. Sie dachte über den armen Hudson und seine Erholung vom Fieber nach.

»Er ist schon so viele Monate fort, und alles, was wir von ihm haben, sind ein paar Briefe. Naja, vielleicht werden wir schon morgen etwas Neues erfahren, oder am Tag darauf? Wir müssen Tag für Tag auf Gott vertrauen.«

Als die letzte Näharbeit fertig war, stellte Mrs. Taylor die Schutzvorrichtung vor das Feuer, drehte die Lampe aus und ging zu Bett.

Am nächsten Morgen saßen Amelia und Louisa im Schlafzimmer und lasen einen von Hudsons Briefen. Er war schon vor Monaten angekommen; aber er schien die einzige Verbindung zwischen ihnen zu sein.

Louisa lag quer auf dem Bett und bat: »Lies mir daraus vor, Amelia, bitte! Ich will alles noch einmal hören!«

»Gut, er beginnt die Reise zu beschreiben.« Amelia setzte sich gerade hin und las mit ihrer gewohnt klaren Stimme:

> Wir erlebten während der ersten zwölf Tage das schlimmste Unwetter der gesamten Reise, noch ehe wir das offene Meer erreicht hatten. Wenn ich jetzt daran zurückdenke, welche Gefahren uns zwischen der irischen und der walisischen Küste drohten, scheint es beinahe, als ob der große Feind der Seelen sein Äußerstes unternahm, um uns in die Tiefe des Ozeans zu versenken.

»Was soll das eigentlich bedeuten?«, fragte Louisa und zog die Stirn in Falten.

Amelia seufzte: »Er meint, der Teufel habe ihn aufhalten wollen. Als Christ stehst du immer im Konflikt mit dem Bösen. Sein Ziel ist es, das Reich Gottes zu zerstören; aber das wird ihm nie gelingen. Gott ist mächtiger, und niemand kann Ihn besiegen.«

Amelia dachte kurz nach und fügte dann hinzu: »Ich kann es gut verstehen, dass der Teufel Hudson davon abhalten wollte, nach China zu gehen. Dort gibt es viele Leute, die zum ersten Mal von Jesus Christus hören werden. Doch für die Verkündigung des Evangeliums, kann Gott Hudson mächtig gebrauchen, davon bin ich überzeugt.«

»Also, Hudson glaubt wirklich, der Teufel habe versucht, ihn in der Irischen See zu ertränken?« Louisas Ton klang leicht sarkastisch. Ihre energische Natur zeigte sich, und sie hatte Lust zu debattieren.

Doch Amelia war nicht danach zumute! »Ja, ich glaube, dass Hudson vom Teufel angegriffen wird. Aber du solltest nicht so schnippisch darüber reden. Er hätte leicht während der ganzen Überfahrt zu Tode kommen können. Der Ozean ist sehr gefährlich, und täglich sterben dort Menschen. Ohne Gottes Schutz hätte Hudson ganz leicht auf See umkommen können. Dann hätte er China nie zu sehen bekommen.«

»Aber nun ist er da!«

Amelia hielt es für besser, nicht weiter zu streiten, und beruhigte sich. »Das stimmt, Louisa. Als Nächstes beschreibt Hudson den Sturm.«

Wir waren tatsächlich nur zwei Schiffslängen davon entfernt, an den Felsen zerschmettert zu werden. Der schreckliche Sturm hatte uns in die Caernarfon-Bucht getrieben. Und um Mitternacht waren wir von riesigen schäumenden Wellen umgeben, die sich mit großem Getöse brachen. Es war sehr gefährlich. Der Wind blies furchtbar, und wir wurden hin und her geschleudert. Einen Augenblick waren wir hoch in der Luft, und im nächsten stürzten wir fast senkrecht durch die Wellen, als sollten wir den Meeresgrund erreichen. Eine Seite des Schiffes war erschreckend hoch, während die andere ganz tief unten war. Immer wieder überspülten die Wellen unser Schiff.

Doch während des schlimmsten Durcheinanders sah ich plötzlich einen prächtigen roten Sonnenuntergang hinter dem Horizont. Das war bei all dem Getöse einfach wunderbar. Weil ich der Besatzung am liebsten nicht im Wege stand, zog ich mich, völlig durchnässt und vor Kälte zitternd, bald in meine Kabine zurück.

In dieser Nacht schlief ich nur sehr wenig. Ich rollte mich in meiner Koje zusammen und machte mir Sorgen um Euch, wenn ihr hören würdet, ich sei vor der walisischen Küste ertrunken. Auch machte ich mir Gedanken wegen des Geldes, das die Missionsgesellschaft für meine Fahrkarte nach Schanghai ausgegeben hatte. Sie kostete fast 100 Pfund. Dann tat mir die Besatzung leid, die noch nicht zu sterben bereit war und nicht verstand, was es bedeutet, in den Wellen unterzugehen. Es war keine angenehme Nacht. Um mich zu trösten, las ich einige Lieder, einige Psalmen und dann die Kapitel dreizehn bis fünfzehn aus dem Johannesevangelium. Die Situation verschlimmerte sich am nächsten Tag noch, während wir versuchten, uns vom Land fernzuhalten. Jedoch stand der Wind uns stets entgegen und trieb uns auf die Felsen zu.

Ich schrieb meinen Namen in mein Taschenbuch, zusammen mit unserer Adresse in Yorkshire, und sicherte es in meiner Jackentasche. Ich glaubte gewiss, über Bord gespült zu werden. Dann würden mein Name und meine Adresse dazu verhelfen, meinen Körper zu identifizieren. Doch als wir dachten, ganz verloren zu sein, gelang es dem Kapitän, das Schiff von den Felsen wegzusteuern. Gelobt sei Gott!

Louisa machte wieder große, erschrockene Augen, als sie sich diese abenteuerliche Geschichte nun nochmals anhörte. Auch Amelia lief wieder ein Schauer über den Rücken. Man konnte sich einfach nicht daran gewöhnen. Immerhin ging es um ihren Bruder, der zwei Schiffslängen vom Tod durch Ertrinken entfernt gewesen war. Man durfte gar nicht darüber nachdenken! »Glücklicherweise hatte Mutter ihm einen Schwimmgürtel mitgegeben! Wäre das Schiff gesunken, hätte er damit über Wasser bleiben können!«, beruhigte sich Louisa.

Hudson hatte ihnen allerdings nicht mitgeteilt, dass er auf dem Höhepunkt der Gefahr den Schwimmgürtel einem Seemann übergeben hatte. Hätten Louisa und Amelia das gewusst, wären sie sicher sehr böse auf ihn gewesen!

»Lies weiter, Amelia! Was schreibt er weiter?«

»Gut, der nächste Abschnitt handelt von der Biskaya-Bucht.« Amelia las weiter:

Ich habe gerade einen weiteren Christen an Bord entdeckt! Er ist ein Schwede, und gemeinsam wollen wir den

> Kapitän um Erlaubnis bitten, regelmäßig Bibelstunden und Gottesdienste für die Besatzung halten zu dürfen.

Amelia berichtete Louisa von den weiteren evangelistischen Bemühungen ihres Bruders an Bord der *Dumfries*.

»Er schreibt, die Besatzung sei nicht an der Evangeliumsbotschaft interessiert gewesen. Doch einige suchten private Gespräche mit ihm und stellten viele Fragen. Er schreibt, einige schienen nicht weit vom Reich Gottes entfernt zu sein, und er bete, dass Gott Sein Werk an denen vollenden möge, wo Er zu Wirken begonnen hat.« Amelias Stimme zitterte, als sie weiterlas:

> Wie weit sind wir voneinander getrennt! Es ist noch nicht lange her, dass wir uns so nahe waren. Aber gelobt sei Gott! Er ist unwandelbar, Seine Gnade versagt nie!
>
> Ich las heute den folgenden Vers eines christlichen Liedes: ›Ich übergeb' dich deinem Gott, dem Gott, der dich mir gab‹. Das letzte Mal sang ich das Lied gemeinsam mit Mutter. Danach brach sie in Tränen aus – bei dem Gedanken an unsere Trennung. Möge der Herr sie Tag für Tag segnen und sie trösten! Die Liebe Christi ist alles. So sehr ich mich nach Euch allen sehne – die Liebe Christi ist noch stärker.

Amelia wischte sich eine Träne aus dem Auge und las weiter:

> Vor einigen Wochen umrundeten wir das Kap der Guten Hoffnung und segelten an zahllosen Inseln vorbei, von denen einige dicht bevölkert sind, und zwar alle mit Leuten, die noch nie die Frohe Botschaft von Jesus Christus gehört haben. Wie ist es möglich, dass Christen zu Hause in ihren bequemen Sesseln sitzen und diese verlorenen Leute einfach umkommen lassen können?!

»Hudson fährt dann fort, die weiteren Wetterprobleme zu schildern«. Amelia kniete sich neben Louisas Bett, um ihr den Brief zu zeigen. »Allerdings war diesmal statt zu viel Wind zu wenig da, sodass das Schiff langsam auf Felsenriffe zutrieb.«

> Der Kapitän kam zu mir an Deck und sagte: »Nun haben wir alles getan, was wir tun konnten. Uns bleibt nun nichts zu tun, als abzuwarten.« In dem Augenblick kam mir ein Gedanke, und ich antwortete: »Nein, es gibt noch eine Sache, die wir nicht getan haben!«
>
> »Und was soll das sein?«, erkundigte sich der Kapitän.
>
> »Hier sind vier Christen an Bord. Erlauben Sie uns, dass wir uns in unsere Kabinen zurückziehen und den Herrn anrufen, Er möge eine Brise senden, wenn es Sein Wille ist. Er kann es schon jetzt tun und nicht erst nach Sonnenuntergang. Ich weiß genau, dass Er das kann!«
>
> Der Kapitän willigte ein, und sofort zogen sich alle vier Christen zum Gebet zurück. Ich ging auf meine Knie, um Gott um Seine gnädige Führung zu Seiner Ehre anzuflehen, und war voller Zuversicht, dass Er antworten würde, wenn Er es will. Schnell lief ich an Deck und stieß mit dem Ersten Offizier zusammen. Er ist ein gottloser Mensch und mag mich gar nicht leiden. Ich bat ihn, das Hauptsegel herabzulassen, das wegen des fehlenden Windes aufgerollt gewesen war. Der Erste Offizier blickte mich ungläubig an und knurrte: »Und wofür sollte das gut sein?!«
>
> Ich sagte ihm, dass wir Gott um Wind gebeten haben, und dass der jeden Augenblick kommen könnte. »Wir sind jetzt dem Riff so nahe, dass wir keine Zeit verlieren dürfen!«, drängte ich. Voller Verachtung sagte er, dass er lieber den Wind sehen als von ihm hören wolle. Doch während wir miteinander sprachen, folgte ich seinen Au-

gen, die auf das höchste Segel gerichtet waren, das in der Brise zu zittern begann.

»Sehen Sie?!«, rief ich aus. »Jetzt können Sie ihn sehen! – Das ist Gottes Werk!«

»Unsinn! Das ist nur eine Katzenpfote.« (Das sagen die Seeleute, wenn nur ein ganz kleiner Windhauch aufkommt.)

Trotzdem ließ er das Hauptsegel herab, und der Kapitän kam, um zu sehen, was los sei. Nur wenige Minuten später pflügten wir durch die freie See und kamen an den Palau-Inseln vorbei. Gott erhört ganz gewiss Gebete, wenn wir in unserer Not zu Ihm rufen! Er beantwortet sie nicht immer, wie wir es uns vorstellen, aber immer so, dass es uns zum Besten dient. Er ist ein souveräner Gott, darum vertrauen wir Ihm.

Wie oft hatte sich Louisa die Worte aus diesem Brief schon angehört; aber sie brachten sie immer wieder neu zum Staunen. »Welche Abenteuer erlebt er doch! Mach weiter, Amelia! Was kommt nun?«

Amelia räusperte sich. »Er ist jetzt in China angekommen.«

Wie einsam ich mich fühle! Es gibt hier keinen einzigen Menschen, den ich kenne. Ich bin ganz allein. Das kam ganz plötzlich über mich, als ich die Besatzung der *Dumfries* verließ und endlich in Schanghai ankam. Da streckte sich keine einzige Hand zu einem Willkommensgruß aus. Kein Mensch kennt meinen Namen.

Amelias Hand zitterte mit dem Brief darin. Jedes Mal, wenn sie an diese Stelle kam, schmerzte ihr das Herz. Louisa ergriff Amelias Hand: »Ich hätte dich nicht bitten sollen, dies wieder vorzulesen. Ich weiß doch, wie traurig du dann immer wirst.«

»Berührt es dich etwa gar nicht, Louisa?«, fragte Amelia scharf.

Louisa ignorierte ihren Tonfall und antwortete ruhig: »Ja, auch mir tut es leid; aber dann mache ich mir klar, dass er diesen Brief schon vor langer Zeit geschrieben hat. Es ist doch unmöglich, dass er seitdem keine neuen Freunde gesucht und gefunden hat. Wir können sogar bald mit einem weiteren Brief rechnen, in dem er uns sicher berichten wird, dass er jetzt ganz Schanghai kenne und sich eine einsame Stelle gesucht habe, um ein wenig Ruhe und Frieden zu haben.«

Amelia musste lachen. »Schanghai ist nicht Barnsley. Die Stadt ist sogar größer als Hull. Aber du hast Recht, glaube ich. Er wird inzwischen Freunde gefunden haben. Ich möchte nur mal wieder von ihm hören, das ist alles.«

»Ja, ich weiß. Wir werden gewiss bald Post bekommen. Mach dir keine Sorgen.«

In diesem Augenblick klopfte es an die Tür. Mr. Taylor ging hin, um nachzusehen. Amelia und Louisa ließen alles fallen, was sie gerade in den Händen hatten, und beugten sich über das Treppengeländer, um zu sehen, wer da gekommen sei. Sie sahen, wie Mr. Taylor eilig ins Wohnzimmer zurückkam.

»Ihr könnt euch nicht vorstellen, was ich hier habe!«, rief er außer Atem.

Die Mädchen stürmten die Treppe hinunter. Er hielt in der Hand einen Stapel …

»BRIEFE!«

Der Schrei kam von Amelia, Louisa und Mrs. Taylor gleichzeitig. »Ja, meine Schätzchen. Briefe – ein ganzer Haufen davon!«

Dieser Vormittag wurde mit Lesen und immer wiederholtem Lesen zugebracht. Es waren die Briefe, die Hudson einen ganzen Monat lang geschrieben hatte. Welch ein Luxus! Ein ganzes Bündel von Briefen auf einmal!

»Wir haben aber auch lange darauf warten müssen«, dachte Amelia; »aber es hat sich gelohnt. Wie gut ist es, allein seine Handschrift wieder zu sehen und zu wissen, dass er noch lebt! Ach Gott, hab ganz, ganz herzlichen Dank dafür!«

Der Beginn des Briefwechsels

8

Hudsons Briefe wurden an diesem Tag und in den folgenden Wochen immer von Neuem gelesen.

Eine meiner ersten Tätigkeiten bestand darin, ein Haus zu finden. Dann musste ich die finanziellen Angelegenheiten mit der CEG regeln und genügend von der chinesischen Sprache und den Sitten hier lernen, um auf eigenen Beinen stehen zu können. An meinem ersten Sonntagnachmittag ging ich in die Stadt. Ihr werdet sicher gehört haben, dass Schanghai sich im Belagerungszustand befindet. Ich ging an der Außenseite der Stadtmauer umher und sah reihenweise zerstörte Häuser und das Elend der Leute, die aus ihren Häusern fliehen mussten. Einige Soldaten bewachten die Stadt, und ich sprach sie an. Alle waren in rote Tücher gekleidet, in reich bestickte Seidenmäntel mit hellen Aufschlägen und in grüne Seidenhosen.

Es gelang mir, mit einigen Leuten auf Chinesisch ins Gespräch zu kommen und ihnen Traktate zu geben. Ich brachte sogar einige Tempelpriester dazu, dem Evangelium zuzuhören. Auch nahmen sie einige Traktate an.

Allerdings sah ich am Nordtor auch einige heftige Gefechte. Ein Mann wurde tot hereingebracht, und einem anderen war in die Brust geschossen worden. Ich untersuchte einen Dritten und stellte fest, dass ihm eine Kanonenkugel den Arm durchschossen hatte. Der Arm war mehrfach gebrochen, und der Mann litt große Qualen. Ich drängte seine Kameraden, ihn sofort ins Hospital zu bringen, weil ich nichts für ihn tun konnte, da ich die dazu nötige Ausrüstung nicht bei mir hatte.

Ich kann nicht viel dafür tun, dass die Kämpfe eingestellt werden. Nur die Frohe Botschaft des Friedens kann ich ihnen bringen. Und es ist abscheulich, mit ansehen zu müssen, wie ein Trupp Soldaten seine Gefangenen an ihren Zöpfen über den Boden schleift. Die Gefangenen schreien dann, ich solle sie retten; aber ich kann nichts tun.

»Das klingt ja schrecklich«, meinte Amelia, während sie einen neuen Brief aufnahm: »Was wohl in diesem steht?«

Ich habe hier alles, was ich brauche, wenn auch die Geldmittel von der CEG nur sporadisch eintreffen und weit geringer sind als die der anderen Missionare.

Als ich einige meiner Kisten auspackte, stellte ich leider fest, dass die Tintenflaschen zerbrochen waren und viele meiner Bücher und Papiere verdorben hatten. Auch meine Schuhe sind ruiniert. Aber ich habe trotzdem noch für vieles dankbar zu sein. Ich bin heil angekommen und nun dabei, Gottes Auftrag auszuführen.

Mrs. Taylor nahm sich einen anderen Brief vor und las laut:

Eine kurze Notiz: Mir geht es gut, und die Kämpfe sind vorüber. Die Engländer und Amerikaner sind an Land gegangen. Mit fliegenden Fahnen und unter Trommelklang marschierten sie zum Lager der kaiserlichen Armee los und schlugen die chinesischen Soldaten in die Flucht.

Das wirkt sich aber auf uns Missionare negativ aus. Es wird deutlich, dass die Kaiserlichen uns hassen, weil wir Fremde sind und darum an ihrer Niederlage irgendwie beteiligt. Es wird viele Monate dauern, bis wir ins Landesinnere gehen dürfen, um dort zu predigen.

Ein weiterer Brief folgte kurz darauf.

Danke, danke, herzlichsten Dank! Heute erhielt ich Deinen Brief, Mutter. Du musst ihn abgeschickt haben, kurz nachdem ich von Liverpool abgefahren bin.

Ich fühle mich hier wirklich einsam. Manchmal wünsche ich mir nichts lieber als eine Frau, die mich liebt und für mich sorgt.

Bitte Vater darum, dass er mir schreiben möge. Ich vermisse ihn sehr.

Mrs. Taylor seufzte. Ihr Sohn war so weit weg. Er bräuchte Rat, Ermutigung und eine warme Umarmung. In dieser Nacht betete sie lange und eindringlich, Gott möge ihm in allen seinen Nöten beistehen. Er war schrecklich sparsam, was die äußeren Umstände betraf; aber es war nicht Geld, was er am nötigsten brauchte. Hudson war einsam, und es schmerzte sie, darüber nachzudenken.

Andere Briefe berichteten der Familie von dem Haus, in das er gezogen war:

Es ist ein Holzhaus nahe dem Nordtor von Schanghai, und es hat zwölf Räume. Ich wohne oben und habe schon alle Zimmer gesäubert und weiß gekalkt. Eines davon ist mein Schlafzimmer, ein anderes mein Ess- und Studierzimmer. Die unteren Räume sind die Apotheke und das Behandlungszimmer, der Klassenraum und die Kapelle

> für die einheimischen Christen. Heute war der erste Tag meiner neuen Schule. Zehn Jungen und fünf Mädchen sind gekommen. In der Apotheke ist auch viel Betrieb. Jeden Tag kommen neue Patienten. Ich habe die nötigsten Wörter gelernt, um den Patienten erklären zu können, wie sie die Arzneimittel einnehmen sollen. Es ist äußert wichtig, dass sie das verstehen. Missverständnisse gibt es hier sehr häufig, wenn einer gerade angefangen hat, Chinesisch zu lernen.

Es gab auch vieles, was Hudson seiner Familie in diesen Briefen nicht erzählte. Er vermied es, ihnen zu berichten, dass die Gegend, in der er wohnte, tatsächlich so gefährlich war, dass sie nachts von der übrigen internationalen Siedlung abgeriegelt wurde. Hudson ließ, während er schlief, immer ein Licht in seinem Zimmer brennen. Und ein Schwimmgürtel lag griffbereit neben seinem Bett. Denn es war leicht möglich, dass er aufspringen und aus dem Fenster in das Wasser springen musste, das unten vorbeifloss, um schwimmend zu entkommen.

Mrs. Taylor wusste, dass Hudson in den nächsten Jahren noch vielen Schwierigkeiten begegnen würde. Doch sie hatte an manchen Briefen auch ihre Freude, während sie so nach und nach eintrafen. Einmal schrieb sie ihm:

> Lieber Hudson,
> herzlichen Dank, dass Du mir von Deinem Freund, John Burdon, erzählt hast. Wir werden auch für ihn beten. Eine Frau zu verlieren, ist immer ein schwer zu tragendes Kreuz; aber sie zu verlieren, wenn man so weit von der Heimat entfernt ist, bedeutet ein noch größeres Ungemach. Du tust gut daran, ihn zu trösten. Es macht mir Sorgen, wenn ich höre, dass in Deiner Gegend immer noch gekämpft wird.

Dennoch wissen wir, dass Du in der Fürsorge unseres Herrn geborgen bist. Dein Brief ist heute Morgen angekommen. Welch eine Freude, dass Du dreitausend Neue Testamente zum Verteilen bekommen hast! Ich hoffe, Deine Reise ins chinesische Inland wird gut verlaufen. Es wird nun einige Zeit vergehen, bis wir wieder etwas von Dir hören werden; aber wir werden für Dich beten.
Mutter

Liebe Mutter,
ich bin heil zurückgekehrt. Unsere Reise verlief gut. Wir hatten eine Dschunke gemietet. Diese Sorte Schiffe benutzen die Einheimischen flussaufwärts und -abwärts zum Transport von Gütern und Personen. Wir hatten allerdings Neue Testamente, Arzneimittel, Kleidung und Bettzeug geladen.

Die Strömung war nicht zu unseren Gunsten; darum mussten wir die Dschunke verlassen und die Reise zu Fuß fortsetzen. Wir besuchten viele Dörfer und Siedlungen, die an unserer Route lagen, predigten und hielten nach Leuten Ausschau, die lesen könnten. Entgegen der öffentlichen Meinung können nicht alle Chinesen lesen; aber es gibt einige – und vielleicht mehr als in manchen europäischen Ländern.

In Songjiang gingen wir direkt zu den buddhistischen Tempeln. Dort befinden sich gewöhnlich die Versammlungsplätze. Wir scharten eine große Menge um uns, und viele folgten uns in den Tempel. Mein Freund Edkins predigte. Ich teilte Traktate aus. Kahlgeschorene Priester in gelben Gewändern sahen zu uns herüber; aber sie hielten uns nicht auf.

Als wir allerdings die Stadt verließen, bedrängte uns ein Haufen Männer und Jungen. Wir bogen in eine Seitenstraße ab, die uns – so vermuteten wir – zu einer Anlegestelle führen könnte, wo wir vielleicht an Bord einer Dschunke wegsegeln konnten. Die Leute waren richtig aufdringlich. Als wir an die Anlegestelle kamen, merkten wir, dass keine Boote da waren. Wir saßen in der Falle. Die Meute johlte vor Freude, während sie uns von allen Seiten umringte. Es kamen Boote nahe an dem Pier vorbei, wollten aber nicht anhalten und uns helfen, als sie den wilden Haufen sahen.

Mit einem großen Sprung gelangte ich von dem Pier auf ein vorbeifahrendes Boot. Schnell warf ich Edkins ein Tau zu, mit dem er das Boot ans Ufer ziehen konnte. Zum Glück konnte er dann auch an Bord springen. Die erbosten Bootsbesitzer setzten uns etwas weiter flussabwärts an Land. Aber die Männer holten uns ein.

Wir waren in einer sehr prekären Situation und wären heftig geschlagen oder gar getötet worden, wenn sich nicht ein chinesischer Freund von mir, der zufällig in dieser Stadt wohnte, für uns eingesetzt hätte. Ich hatte ihn vor einigen Monaten als Sprachlehrer angestellt und dann wieder entlassen. Gott sei Dank, dass er mir das nicht übelgenommen hatte; ihm gelang es schließlich, den Haufen zu beruhigen. Mit Hilfe meines Freundes wurden wir beide in Sicherheit gebracht und konnten damit fortsetzen, die Traktate zu verteilen.

Es gibt in diesen ländlichen Regionen so viele Menschen, die noch nichts von dem Herrn Jesus Christus gehört haben. Viele lauschen eifrig der Botschaft der Hoffnung, die wir bringen.

Ich muss sagen, dass die Zukunft vielversprechend aussieht. Ich habe vor, morgen ein altes Boot zu kaufen, das hier zum Verkauf angeboten wird. Wenn ich es mit Möbeln ausstatte, können wir es vielleicht für weitere solcher Reisen benutzen, wie die, von der ich eben berichtete.

Weitere Briefe trafen ein. Viele wurden an die ganze Familie geschickt. Aber Amelia hatte nichts lieber, als wenn ein Brief an sie persönlich adressiert war: »An Miss Amelia Taylor.« Dann verschwand sie meistens schnell in ihr Zimmer und las ihn vorerst für sich allein.

Liebe Amelia!
Ich bin gerade von einer weiteren meiner Missionsreisen zurückgekommen.

John Burdon und ich hatten uns entschieden, zwei Dschunken zu mieten und den Jangtse hinaufzufahren. Wir sagten den Bootsleuten, sie sollten in die nächste Einbuchtung hineinfahren, damit wir auf die nördlichen Berge steigen könnten.

Die Landschaft dort ist überall äußerst fruchtbar. Es weht immer eine frische Brise, die das Gesicht abkühlt. Wohin das Auge auch blickt, sind blühende Erbsen- und Bohnenfelder. Das Land ist feucht und grün – eine wahre Freude für die Augen. Als wir ausstiegen, zählten wir fünf Bergspitzen und sahen, dass die höchste mit einer prächtigen, erst neulich gestrichenen Pagode geschmückt war. Das ist ein prächtiges orientalisches Gebäude. An den Fuß des Hügels schmiegten sich ein buddhistischer Tempel und ein Kloster, das sich an dem Berghang emporzog. Blumen und Gras bedeckten die Hügellandschaft, Bäume wuchsen zwischen den Felsen hervor und spendeten den nötigen Schatten.

Die ganze Gegend sah einfach zauberhaft aus. Besonders bemerkenswert waren für mich die unglaublichen Farben. Stell Dir zum Beispiel die ganz tiefen Farbtöne der Zypressen vor. Dann gab es da den wunderschönen Anblick der hellen und anmutigen Weiden, vermischt mit Orangenbäumen, chinesischen Talgbäumen und vielen anderen Bäumen. An jeder Weggabelung sahen wir weitere Götzenschreine und Pavillons. Schließlich erreichten wir einen Tempel, dessen Äußeres eine Gruppe von Arbeitern eifrig zu vergolden bemüht war. Ein Fest war in vollem Gang. Die Luft war erfüllt von Weihrauchduft, und in den Straßen ging es hoch her. Die Leute warfen Münzen in Körbe, Musik von schätzungsweise hundert unterschiedlichen Instrumenten war überall zu hören. Man unterhielt sich an jeder Straßenecke, und alles wurde übertönt von dem Getrampel Tausender von Füßen.

Ein Priester kam auf mich zu und forderte mich auf, mich vor seiner Buddha-Statue, die auf einem Stuhl stand, hinzuknien. Ich lehnte das ab und warnte ihn vor der Torheit des Götzendienstes. Ich sagte ihm, dass Jesus Christus, den wir verkündigten, der wahre Gott sei, und wenn ich etwas Unwahres gesagt hätte, dann solle er es mir sagen. John predigte ihnen in seinem Schanghai-Dialekt. Niemand hatte etwas einzuwenden. Dann gingen wir weiter.

Unser nächster Halt war in der Stadt Tongzhou. Das ist ein berüchtigter Ort, den man »Satans Thron« nennt. John und ich hatten uns gut auf eine schwierige Zeit eingestellt. Diese Stadt bietet Fremden immer einen rauen Empfang. Unsere beiden chinesischen Lehrer versuchten uns zu überreden, nicht dorthin zu gehen. Die Stadt ist nämlich für ihre gesetzlosen Mobs bekannt.

Am Morgen unserer Abfahrt nach Tongzhou wiesen wir unsere chinesischen Freunde an, in den Schiffen zurückzubleiben. »Wenn wir heute Abend nicht zurückkehren«, sagte ich ihnen, »dann versucht herauszufinden, was passiert ist, und kehrt anschließend so schnell wie möglich in einem der Schiffe nach Schanghai zurück, um die anderen zu benachrichtigen. Lasst das zweite Schiff hier, falls es uns gelingt, freizukommen. Dann können wir euch nach Schanghai folgen.«

Wir ließen also die Lehrer zurück und gingen zusammen mit einem Diener los. Allerdings waren wir noch nicht weit gekommen, als uns jener Diener bat, umkehren zu dürfen. Tongzhou hat einen unglaublich schlechten Ruf. Gerade in diesem Augenblick kam ein ehrlich aussehender Mann auf uns zu und sagte: »Ich flehe euch an, nicht in die Stadt zu gehen! Tut ihr das doch, so werdet ihr zu eurem eigenen Schmerz herausfinden, was für Leute in Tongzhou wohnen.«

John antwortete ihm: »Wir danken dir sehr für deinen Rat; aber wir haben es uns fest vorgenommen.«

In diesem Augenblick meldete sich unser Diener und sagte, er wolle keinen Schritt weiter mitkommen; sogleich drehte er sich um und lief zur Dschunke zurück. Ich suchte in einem der umliegenden Dörfer nach einem Mann, der den Dienst zu übernehmen bereit war. Ich musste ihm dafür eine gehörige Summe bezahlen.

Als wir uns dem Westtor von Tongzhou näherten, kam uns ein riesiger Kerl entgegen. Er war stark betrunken und sehr zornig. Er ergriff John bei den Schultern und begann, ihn wie wild zu schütteln. John versuchte, ihn loszuwerden; aber genau zu diesem Zeitpunkt traf ein Dutzend wild aussehender Männer ein, und wir beide wurden in die Stadt geschleift.

»Bringt mich zum Obersten der Stadt!«, schrie ich.

»Wir wissen selbst, was mit Leuten wie euch zu tun ist«, lachte einer der Männer.

Als sie uns eine Straße entlang schleppten, bemerkte ich, dass sie uns tatsächlich irrtümlich für Soldaten der Rebellen hielten. Plötzlich schleuderte der betrunkene Riese John in einen Dreckhaufen und wollte mich stattdessen ergreifen. Er schlug mich mehrere Male zu Boden, riss an meinen Haaren und kniff mir in die Arme, bis sie grün und blau waren.

Währenddessen teilte John schon wieder Traktate an jeden aus, der eines annahm. Er zog eins aus der Tasche und warf es jemandem hin, der es aufhob und aus reiner Neugier zu lesen begann. Endlich kam ein Gerede in Gang:

»Bringt sie zum Mandarin!«

»Schlagt sie doch gleich tot!«

Ich erinnerte mich daran, dass sich die Apostel freuten, dass Gott sie für würdig geachtet hatte, um des Namens Jesu willen Schmach und Schande zu erleiden. Aber schließlich gelang es mir, meine Hand in die Tasche zu stecken und meinen Ausweis herauszuholen. Das war nur ein Stück rotes Papier, auf dem mein Name gedruckt stand. Daraufhin behandelten sie uns beide respektvoller.

Ich beauftragte die Leute, uns zum Obersten der Stadt zu bringen. Als wir ankamen, waren wir völlig erledigt und ganz und gar durchgeschwitzt. Meine Zunge klebte am Gaumen, und als die Meute uns losließ, brach ich auf dem Fußboden zusammen. Ich bat um Wasser. Mir wurde nur geantwortet: »Du wartest!« Endlich wurden wir zu dem »großen und hochverehrten Vater Chen« geführt. Alle fielen auf die Knie, als er den Raum betrat. John und ich verweigerten das aus Prinzip.

Zum Glück war der »große und hochverehrte Vater Chen« klug genug zu begreifen, dass die Misshandlung von Fremden nicht gern gesehen wurde. Er behandelte uns mit allergrößter Höflichkeit. Wir gaben ihm ein Neues Testament, das er dankbar entgegennahm, bevor er uns mit Tee und Erfrischungen bediente.

Zur Entschädigung für die abschreckende Behandlung, die wir in seiner Stadt erfahren hatten, ließ er uns unsere Traktat-Aktion fortsetzen. Wir hatten vollen Schutz durch seine Wachen, und schließlich verließen wir die Stadt mit einer Mannschaft von Läufern, die den Weg vor uns absichern sollten. An einer Stelle sah ich sogar, dass die Männer den Weg durch das Dickicht frei machten, indem sie ihre langen Zöpfe als Peitschen benutzten. Ich nahm staunend den Unterschied zwischen unserem Einzug in die Stadt und unserem Auszug aus derselben wahr: Ein ganz außerordentlicher Unterschied!

In herzlicher Liebe,
Hudson

»Tatsächlich ganz außerordentlich, Hudson«, murmelte Amelia. »Diesen Brief werde ich Mutter lieber nicht vorlesen. Das wäre unklug.«

Mrs. Taylor sorgte sich schon genug, ohne alle Einzelheiten der Abenteuer ihres Sohnes zu kennen. Es machte ihr Sorgen, dass er nicht genug äße, dass sich sein letzter Brief niedergeschlagen angehört habe und dass sie schon einige Monate keine Post mehr erhalten hatten. In der nächsten Woche aber würde ein weiterer Brief eintreffen, und alles würde wieder gut sein.

Ich habe meinen dreiundzwanzigsten Geburtstag auf der »Kleinen Qingdao-Insel« verbracht. Jetzt esse ich alle meine Mahlzeiten mit Stäbchen. Das ist für mich der Beginn eines neuen Vorhabens. Ich habe nun eine Zeit lang unter diesen Menschen gelebt, habe ihnen gepredigt und ihnen das Evangelium erklärt. Dabei stellte ich fest, dass sie der Meinung sind, ich sei wirklich eine sehr sonderbare Kreatur. Und darum meine ich, ich sollte vielleicht versuchen, mich ihnen anzugleichen. Vielleicht war mein Erscheinungsbild ein Hindernis für sie, dem Evangelium zuzuhören. Wenn sie mich für lächerlich halten, kann es gut sein, dass sie mich gar nicht erst anhören möchten. Ich werde darüber noch etwas weiter nachdenken, weil ich noch nicht ganz sicher bin, wie ich mich verhalten sollte.

Der Bootsführer, der mich auf die »Kleine Qingdao-Insel« brachte, ist hoch erfreut, dass ich jetzt mit Stäbchen esse, und er schlug mir vor, ich sollte meinen Kopf scheren und chinesische Kleidung tragen. Ein anderer Bootsführer meinte auch, das sähe weit besser aus als das komische Zeug, das ich bis jetzt trage. Aber er drückte sein Bedauern darüber aus, dass ich meine Augen und meine Nase nicht abändern kann. Er meinte, das seien die seltsamsten Dinge an mir.

Ihr werdet froh sein, dass ich eine Katze mit zwei jungen Kätzchen gekauft habe. Die Mäuse und Ratten in meinem Zuhause in Schanghai haben sich dermaßen vermehrt, dass ich sie nicht mehr selbst in Schach halten kann. Die Ratten sind so dreist, dass sie sogar meine Kerzen fressen und auf mein Bett springen, sogar wenn ich noch darin liege!

Es gibt am Ende der Straße eine Familie mit jungen Mädchen. Jede von ihnen erinnert mich irgendwie an Amelia und Louisa.

Dann traf ein weiterer Brief ein, der sowohl eine traurige als auch eine frohe Nachricht brachte. Hudson wohnte jetzt in Ningbo, und weil ein Missionarssohn von einem lebensbedrohlichen Fieber befallen worden war, mussten sie nach Schanghai zurückkehren.

Liebe Mutter!
Ich schreibe wieder in großer Eile. John Burdons kleiner Sohn ist gerade gestorben. Dadurch zeigt sich, dass unser überstürzter Umzug von Ningbo zurück nach Schanghai vergebens war. Das Kind behielt das Fieber noch weitere drei Wochen nach unserer Rückkehr und starb gestern. John ist sehr niedergeschlagen; er hat jetzt seine Frau und ein Kind verloren.

Doch kann ich Euch auch etwas Gutes melden, das Euch große Freude bereiten wird. Bei meinem letzten Gottesdienst, den ich in unserer kleinen Gemeinde in Schanghai hielt, stellte ich eine Frage, auf die ich keine Antwort erwartete:

»Am Kreuz brachte sich Jesus Christus, der Sohn Gottes, als Opfer für die Sünden Seines Volkes dar. Dort wurden die Sünden auf Christus geladen. Er starb für Sünder und hat die Strafe getragen. Er hat die Schuld bezahlt. Sieht sich einer von euch als Sünder und hat schon Buße getan? Hat jemand zu Gott gerufen und Ihn um Gnade und Vergebung seiner Sünden gebeten?«

»Ich habe das getan«, antwortete Guihua, der junge Koch.

Mutter, das ist unser erster Bekehrter in China! Wenn eine Seele so viel wert ist wie die ganze Welt, ist mir dann nicht im Überfluss zurückbezahlt worden – und auch Euch für alles, was Ihr für den Herrn und Sein Werk hingegeben habt?«

Euer Sohn
Hudson

Eines Morgens eilte Amelia in ihr Schlafzimmer und blieb verblüfft stehen. Louisa hatte Tücher, Bänder und Kleidungsstücke überall im Zimmer verteilt.

»Was meinst du, Amelia?«, fragte sie, während sie mal in dieser, dann in einer anderen Ausstattung umherstolzierte. »Sieht das nicht so aus wie das Kleid, das wir in Hull gesehen haben?«

»Überhaupt nicht!«, gab Amelia zurück. »Vergiss für einen Augenblick die Kleider und hör dir dies an. Hudson hat einen Brief geschickt.«

Amelia begann, den Brief vorzulesen:

> Ich habe mich schon lange danach gesehnt, den Chinesen die Höflichkeit zu erweisen, ihnen ständig in Kleidung, Sprache und Lebensstil zu gleichen. Einige Freunde halten das allerdings für ein schändliches Verhalten.
>
> Aber ich habe meine Entscheidung getroffen, und wenn dieser Brief bei Euch eintrifft, werde ich chinesische Kleidung und einen langen schwarzen Zopf tragen, den man hier »Bianzi« nennt. Ich habe jetzt meine Haare gefärbt. Das war nicht so einfach, wie ich es zunächst geglaubt hatte. Ich musste die Farbe selbst zusammenbrauen. Aber ich musste auch mein Haar zu einer beachtlichen Länge wachsen lassen, damit ich daraus einen Zopf flechten konnte. Als ich die Farbe zusammenbraute, nahm ich eine große Flasche Ammoniak und drehte den Deckel auf.
>
> Leider hatte ich nicht bedacht, dass sich ein ungeheurer Druck in der Flasche aufgebaut hatte. Als ich den Deckel öffnete, spritzte mir der Inhalt ins Gesicht. Die Chemikalie drang in meine Nase und in meine Augen, lief in meinen Mund, übers ganze Gesicht und in die Haare. Ich hatte die Dämpfe der Chemikalie in die Lunge eingeatmet. Mir ging es ganz miserabel. Irgendwie gelangte ich in die Küche, wo ein Eimer mit kaltem Wasser stand. Ich

tauchte meinen Kopf hinein, wodurch mein Leben gerettet wurde. Bald merkte ich, dass ich wieder sprechen konnte, und ich schrie: »Holt Doktor Parker! Schnell!«

Doktor Parker sagte, dass mein Gesicht bei seiner Ankunft so geschwollen war, dass er mich kaum wiedererkannte. Er trug ganz schnell Rizinusöl auf meine Augen und mein Gesicht auf und gab mir eine starke Dosis Schmerztabletten. Meine Füße wurden in etwas heißes Wasser getaucht und Eis auf mein Gesicht gelegt. Dann brachte man mich schnell zu Bett. Dankenswerterweise lebe ich noch und kann euch die Geschichte erzählen. Gestern ging ich zum Friseur, der das Werk vollendete. Jetzt habe ich einen pechschwarzen Zopf, und das Übrige meines Kopfes ist kahlgeschoren. So tragen wir unser Haar hier in China.

Meine Kleider sind für mich eine sehr viel erfreulichere Erfahrung. Ich will Euch beschreiben, was ich alles in meinem Kleiderschrank habe. Zweifellos wird Louisa sehr interessiert daran sein.

Louisa gab einen lauten Protestschrei von sich. Sie war weit mehr erschrocken als interessiert.

Als Erstes muss ich Kniestrümpfe anziehen. Die sind aus Baumwolle gefertigt; unten wurden dicke Sohlen daran festgenäht. Darüber kommen gewaltige Hosen, die man »Han ku« nennt. Sie sind mir um die Taille tatsächlich 60 Zentimeter zu weit; aber wenn ich sie auf eine bestimmte Art falte, kann ich sie, wenn auch etwas mühevoll, mit einem starken Gürtel festmachen. Die Beine erinnern mich ein wenig an eine riesige Pluderhose. Die stecke ich in die Kniestrümpfe, und all das wird von einigen bunten Strumpfbändern festgehalten. Dann zieht man ein Baumwollhemd an, und darüber trage ich einen bunten Seidenmantel mit weiten Aufschlägen, die 30 bis 40 Zentimeter über meine Fingerspitzen reichen. Und das letzte Kleidungsstück sind ein Paar Stoffschuhe mit nach oben gedrehten Schuhspitzen. Die sind groß genug, dass auch die dicken Socken Platz darin finden. Doktor Parker sagt, meine Hosen wären weit genug, die Nahrung für vierzehn Tage darin lagern zu können.

Als ich heute so durch die Stadt ging, vermutete niemand, dass ich kein Chinese sei. Erst als ich anfing, Literatur auszuteilen, merkten die Leute, was und wer ich bin. Der von mir festgestellte Hauptunterschied zur vorherigen Situation liegt darin, dass die Frauen und Kinder viel mehr bereit waren, sich von mir medizinisch behandeln zu lassen. Sie fühlen sich wohler in meiner Gegenwart. Sie vertrauen mir.

Louisa saß auf ihrer Bettkante, umgeben von ihren Bändern und Röcken. All dieses Zeug interessierte sie jetzt nicht mehr. Ihr Mund stand offen, und ihre Augen blickten gespannt. Das Bild, das sie jetzt im Kopf vor sich hatte, war schier unglaublich.

Amelia wusste auch nicht, was sie mit diesen Mitteilungen anfangen sollte.

Louisa platzte plötzlich heraus: »Er braucht eine Frau!«

Der Beginn einer Liebe

9

Amelia saß oben auf einer alten Steinmauer, die die Felder eines ortsansässigen Bauern umgab. Sie hatte einen weiteren Brief von Hudson erhalten. Es waren schon einige Monate vergangen, seit sie auf seinen Brief, in dem er von den bunten Pluderhosen und dem Zopf berichtete, geantwortet hatte. Auch hatte sie Hudson erzählt, dass sie kurz vor ihrer eigenen Hochzeit stehe. Erst letzte Woche hatte sie Hudson geschrieben:

Benjamin Broomhall ist ein guter Freund von uns beiden, Hudson. Ich weiß, dass Du Dich freuen wirst.

Von Hudson kamen laufend Briefe. Die Abenteuer schienen kein Ende zu nehmen.

Liebe Amelia!
William Burns und ich sind von unseren Reisen heimgekehrt. In Nanxun, nicht weit südlich des Großen Sees, machten wir Halt. Wir hatten gehört, dass draußen vor der Stadt ein unmoralisches Schauspiel aufgeführt werden sollte, und dass sich eine riesige Menschenmenge zum Zuschauen eingefunden habe. Burns sprang auf die Bühne und gebot dem Spiel Einhalt. Er rief: »Was ihr da macht, ist eine große Sünde! Durch solches Verhalten zieht ihr nur noch mehr Gottes Gericht auf euch!«

Man behandelte uns ziemlich grob und brachte uns weg. Aber ich hatte großes Mitleid mit diesen Leuten und flehte zum Herrn, Er möge sich ihnen Selbst durch das verkündigte Wort offenbaren. Angesehene Leute aus Nanxun baten uns, es noch einmal zu versuchen. Das taten wir. Ich kletterte in meiner chinesischen Kleidung auf die Bühne, und William blieb bei den Zuschauern.

Ich rief den Leuten zu, sie sollten dieses Verhalten unterlassen und auf das hören, was ich zu sagen habe. Wieder wurde ich von der Bühne gezerrt. Während man mich von der Menschenmenge wegführte, rief ich: »Habt Mitleid mit euren Seelen! Ist nicht alles falsch, was ihr hier rings um euch seht? Stimmt es nicht, was ich sage?«

In diesem Augenblick hörte ich, wie ein Mann zu mir sagte: »Was du sagst, ist wahr. Ich werde dir eine Tasse Tee besorgen.«

Er bezahlte für uns beide den Tee, und schon bald versammelte sich eine Menge Leute um uns her. Sie waren neugierig und wollten wissen, warum wir das Spiel unterbrochen haben, und was wir ihnen zu sagen hätten. Es wurden viele Fragen gestellt und dazu noch schnell hintereinander.

»Sind alle Götter falsch?«

»Wenn Jesus im Himmel ist, wie können wir Ihn dann hier anbeten?«

»Sorge dafür, dass ich Gott und Jesus sehe«, sagte einer, »dann werde ich glauben!«

Ich beantwortete ihre Fragen stundenlang, bis alles geklärt war.

Geduldig fragte ich sie: »Eure Götzen haben Augen; aber können sie sehen? Sie haben Ohren; aber können sie hören, wenn ihr betet? Sie haben Münder; aber können sie sprechen? Können sie euch vor Räubern, vor Streitigkeiten, vor Krankheiten oder Unglück bewahren? Haben euch eure Götzen schon irgendwie geholfen?« Sie schüttelten immer wieder ihre Köpfe. Doch ich konnte ihnen jetzt von den unzähligen und erstaunlichen Weisen, wie Gott mir geholfen hatte, berichten.

Einer fragte: »Was hat man davon, wenn man an Jesus glaubt?« Ich sprach über die Befreiung von Schuld, von Sünde und vom Gericht. Ich erzählte ihm von einem Gott, der heilig und gerecht ist und jede einzelne Sünde mit dem Tod bestrafen muss. Und ich bezeugte ihm einen Gott, der die Welt so sehr geliebt hat, dass Er Seinen eingeborenen Sohn, Jesus Christus, gesandt hat, um an Stelle aller Sünder, die an Ihn glauben, zu sterben.

Als der Junge vorbeikam, der die Teetassen nachfüllte, fragte ihn jemand: »Glaubst du denn an diesen Gott?«

»Ja, das tue ich«, flüsterte er leise.

Ein anderer Mann kam auf mich zu und sagte: »Ich bin auch weit von meiner Heimat entfernt. Meine Familie wohnt in einem anderen Teil Chinas. Ich bin ganz allein, ohne Freunde, und bei einem Volk, das eine fremde Sprache spricht. Fühlst du dich auch einsam, oder bewahrt dich dein Gott und Vater vor solchen Gefühlen?«

Ich lächelte. Amelia, Du kennst das Problem, das ich diesbezüglich hatte.

Ich antwortete meinem neuen Freund: »Es gibt Zeiten, in denen ich mich wirklich einsam fühle, besonders dann, wenn es mir körperlich nicht gut geht. Oft sehne ich mich nach meinen lieben Eltern und nach den Verwandten. Aber dann knie ich mich hin und bete für sie. Dann gibt Gott einen tiefen Frieden in mein Herz. Obwohl die Sehnsucht nach zuhause nicht verschwunden ist, kann ich dann doch wieder warten, bis ich meine Angehörigen wieder treffe, wann und wo das auch geschehen mag, ja, so wie Gott es führen wird.«

Es ist gut, Amelia, zu wissen, dass wieder ein Mensch von der Güte Gottes gehört hat.

Amelia seufzte. Man könnte darüber lachen, dass Hudson eine Frau benötigte, während er erzählt, dass er sich jetzt wie ein Chinese kleidet, seinen Kopf rasiert und sich einen Zopf wachsen lässt; doch wenn es um die Tatsache geht, dass er sehr einsam ist, dann vergeht einem das Lachen. Sie fragte sich, ob er den Brief über Benjamin noch nicht erhalten habe. Die Verlobungszeit war noch nicht zu Ende; aber bis dahin würde es nicht mehr lange dauern.

Hudsons Briefe ließen einen manchmal nur erahnen, wie arm er war. Zu anderen Zeiten sprach er offener. Die CEG hatte ihm sechs Monate lang kein Geld geschickt. Offensichtlich hatte man dort erfahren, dass einige Leute ihm persönlich Geld zusandten; so meinte man, dass man es mit den eigenen Zahlungen nicht so genau nehmen müsse. Amelia wusste nicht, was sie machen sollte. Darum war sie an die frische Luft gegangen. In der Stille der Natur betete sie ungestört für ihren Bruder und für ihr neues Leben mit Benjamin. »Herr, ich bin so glücklich! Möge doch Hudson ebenso glücklich werden!«

Auch Mrs. Taylor betete wegen Hudsons Einsamkeit und wegen der Schwierigkeiten, mit denen er konfrontiert wurde. Sie betete bezüglich seiner Briefe. Die Neuigkeiten, die in manchen offenbar wurden, versetzten sie oft in Sorge.

Ich kam heute von Shantou zurück und musste feststellen, dass mein Lagerraum mit all seinem Inhalt von einem Feuer verwüstet worden war. Dreißigtausend Neue Testamente und mein sämtlicher medizinischer Vorrat sind in Rauch aufgegangen.

Unaufhörlich brachten Amelia und Mrs. Taylor Hudsons Angelegenheiten im Gebet vor Gott. Sie jubelten, wenn Gebete erhört wurden, und weinten, wenn sie in manchen Briefen von Schmerz und Kummer lasen.

Allerdings wurden über die Monate hinweg die Erwähnungen einer gewissen Maria Dyer immer häufiger. Amelia machte sich über dieses von ihrem Bruder häufig erwähnte Mädchen Gedanken. Hudson bestand weiterhin darauf, den Zopf und chinesische Kleidung zu tragen. Aber es schien, als ob jenes Mädchen den Menschen hinter der chinesischen Kleidung zu erkennen vermochte. Ja, es schien sogar, als ob sie ihn wegen dieser seiner Entscheidung achtete. Das erregte Amelias und Louisas Neugier.

In den Monaten vor dem plötzlich aufgetretenen Interesse an Maria Dyer litt Hudson an großer Niedergeschlagenheit. Er hatte sogar mit dem Gedanken gespielt, China ganz und gar aufzugeben. Viele Missionare in Schanghai haderten immer noch mit ihm wegen seiner Kleidung. Sie hielten es für »ungebührlich«, »schändlich« und »furchtbar geschmacklos«. Er war bedrückt und entmutigt. Und wenn seine Missionarskollegen ihn nicht achteten, welchen Zweck hätte es dann, weiterzumachen? – Maria Dyer aber war anders gesonnen.

Hudson Taylor beeindruckte sie schon, als sie ihn das erste Mal sah. Er sehnte sich wie sie nach Heiligung, Brauchbarkeit und Nähe zu Gott. Hudson war anders als alle, denen sie bisher begegnet war. Er vermittelte ihr Ruhe und Verständnis. Er lebte in der realen Welt mit einem so realen und großen Gott. Sie bekam ihn nur selten zu sehen; doch fühlte sie sich in seiner Nähe getröstet. Es verwunderte sie, wie sehr sie ihn vermisste, wenn er fort war.

Hudsons Interesse an der jungen Miss Dyer wurde entfacht, als er ihren missionarischen Eifer und die Liebe zu den Verlorenen Chinas erkannte. In einem Brief nach Hause sprach er über Miss Dyer als von einer *»geistlich gesinnten und wahrhaftigen Missionarin«*.

Worte wie diese ließen Amelia und Mrs. Taylor aufhorchen und wachsam werden. Vorbei war es mit der quälenden Einsamkeit. Stattdessen berichtete Hudson von einer warmen und beständigen Freundschaft, die zwischen den beiden jungen Leuten wuchs. Hudson wusste nicht anders zu lieben, als von ganzem Herzen, und Maria war aus dem gleichen Holz geschnitzt.

Allerdings verläuft der Weg wahrer Liebe selten glatt. In einem Brief bekannte Hudson seiner Familie die vor ihm liegenden Probleme.

> Miss Dyer ist wirklich eine wunderbare Person. Ich habe ihr einen Brief geschrieben, der für mich schon einigen Mut erfordert hat, weil ich nicht genau weiß, was sie für mich empfindet. Ich fragte sie, ob sie mir erlauben würde, erfahren zu dürfen, was sie über eine Heirat dachte. Ich bat sie, mir keine übereilte Absage zu erteilen. Diese meine Gedanken ins Lächerliche zu ziehen, wäre ganz unerträglich für mich. Ich beendete den Brief mit der Bitte, diesen Brief zu verbrennen, falls sie ihn für unannehmbar hielte.

Maria war offensichtlich überglücklich und berichtete sofort ihrer Schwester Burella davon, die ebenfalls sehr froh über die gute Nachricht ihrer Schwester war; denn schon oft hatte Maria ihr gestanden, was sie für diesen einzigartigen jungen Missionar empfand. Dann lief Maria die Treppe hinunter, um ihrer Freundin, Miss Aldersey, davon zu berichten. Diese war gleichzeitig ihr Vormund. Doch diese sagte daraufhin ohne

Zögern: »Du wirst keinesfalls darauf eingehen! Mr. Taylor ist ein junger, armer Niemand, der keine Beziehungen hat. Wie kann er sich nur unterstehen, an so etwas zu denken?! Natürlich muss dieser Antrag abgelehnt werden!«

Maria war am Boden zerstört. Sie und ihre Schwester arbeiteten in der Schule in Ningbo unter Miss Alderseys Leitung. Maria war nicht verpflichtet, zu tun, was Miss Aldersey verlangte; trotzdem respektierte sie die Wünsche der Dame, die sie schätzte. Miss Aldersey hatte viel für sie und ihre Schwester getan. Auch andere Freunde drängten sie zum Gehorsam, und als Ergebnis davon schrieb Maria einen Absagebrief, wobei sie innigst betete, Hudson möge »zwischen den Zeilen lesen«. Was sie anging, wollte sie ihn ermutigen, und sie hoffte, er sei weise genug, sogar in diesem Brief die Liebe in ihrem Herzen zu erkennen.

Maria schickte den Brief ab, der von Miss Aldersey genehmigt worden war. Alles, was sie tun konnte, war abzuwarten und auf Gott zu vertrauen. Hudson las ihn und erkannte, dass er auf zweierlei Weise verstanden werden konnte.

Amelia blieb weiterhin sehr interessiert, während weitere Briefe eintrafen, die von der aufblühenden Liebe ihres Bruders zu Maria berichteten. Als ihre Verlobungzeit voranschritt und Heiratspläne für die Zukunft geschmiedet wurden, schritten auch Hudsons Pläne voran.

> Ich habe die CEG verlassen. Sie schafften es nicht, mir vierteljährlich meine Summe zu schicken, wie es versprochen war. Ich habe mich entschieden, für alle meine Bedürfnisse einzig auf den Herrn zu vertrauen. Er wird meine Gebete erhören. Auch habe ich Maria nicht aufgegeben, Mutter. Ich hoffe, dass sie mir, während Du diesen Brief erhältst, nicht mehr vorenthalten wird. Meine Freundin, Mrs. Jones, hat selbst zu Miss Aldersey gesagt,

sie solle die Liebe zweier junger Leute nicht behindern. Ich habe mich entschlossen, die Sache selbst in die Hand zu nehmen, und so will ich persönlich mit Miss Aldersey sprechen.

Später schrieb er:

Mein Besuch bei Miss Aldersey verlief nicht gut. Ich habe nun an die anderen Vormünder von Maria geschrieben. Bevor ich das tat, erkundigte ich mich bei Marias Freundin, ob Maria mich so liebe wie ich sie.

Ihre Freundin zögerte, bevor sie antwortete: »Ja, Hudson, sie liebt dich!« Mein Herz singt vor Freude!

Louisa freute sich über diese Neuigkeiten aus China. Es war, als ob es in diesen Tagen überall Verliebte gäbe. Amelia und Benjamin planten gemeinsam ihren Hochzeitstag, und ihr neues Heim sollte in Bayswater sein. Sie durchdachten die Möglichkeit, auch für den Herrn in China zu wirken. Oft war Hudsons Situation Gesprächsstoff zwischen Amelia und ihrer Mutter.

»Er liebt sie, Mutter, das ist ganz sicher! Sie scheint genauso hingegeben und liebevoll wie Hudson zu sein. Und sie ist in China. Ich kann mir kaum vorstellen, dass es in der ganzen Welt noch einen so aufopferungsbereiten Menschen wie ihn gibt – doch Maria Dyer scheint gerade das zu sein.«

»Ich hoffe, dass du Recht hast.«

Eines Tages setzte sich Amelia mit ihrem Tagebuch hin und schrieb:

Der von uns erwartete Brief kam heute. Hudson hat Maria doch noch geheiratet. Viele Schwierigkeiten und Hindernisse mussten überwunden werden; aber Gott hat beide durch das alles hindurchgebracht. Viele Leute hatten versucht, sie zu entmutigen; doch als Hudson und Maria merkten, wie groß ihre Liebe zueinander war, wussten sie beide, dass niemand sonst für sie in Frage kam.

Beide, Hudson und Maria, kamen zu dem Entschluss, sich zu verloben, einerlei, ob Marias Vormünder das billigten oder nicht. In seinen Briefen spricht er von einer so starken Bindung zwischen ihnen beiden, dass selbst große Entfernungen sie nicht zu trennen vermochten. Hudson eilte ans Bett eines Missionarskollegen, der an Pocken starb. Das Fieber hatte das Leben dieses Missionars gefordert, und diese Krankheit hätte beinahe auch Hudson umgebracht. Einige Tage später lag auch er fiebernd und sterbenskrank im Bett. Als Hudson vom Fieber erwachte, sah er Maria bei sich stehen. Hudson kann in diesem Brief nur über sie staunen.

Er schreibt: »Sie kam geräuschlos wie ein Windhauch herein und tröstete mich. Ich streckte, ohne die Augen zu öffnen, meine Hand aus, und sie erfasste sie so sanft und doch mit einem so warmen Griff, dass ich nicht anders konnte, als sie dankbar anzublicken. Sie gab mir den Wink, nicht zu sprechen. Dann legte sie die andere Hand auf meine Stirn. Ihre Fürsorge tat mir so gut.

›Sei weder ängstlich noch besorgt‹, sagte sie, ›ich bin deine Maria, und du bist mein lieber Hudson. Bleib ganz ruhig und versuch zu schlafen.‹«

Er hat jetzt eine Person, die ihm nähersteht als jeder andere Mensch. Und mir geht es genauso – zumindest bald. Meine Hochzeit ist gar nicht mehr so weit entfernt.

Hudsons Hochzeit fand am 20. Januar 1858 statt. Es war herrlich, und die Sonne schien strahlend hell. Beide,

Hudson und Maria, haben mir geschrieben und von diesem wunderschönen Tag berichtet. Sie sind beide solche Schätze und lieben einander sehr! Maria ist erst einundzwanzig Jahre alt. Sie schrieb mir folgenden Brief:

Liebe Amelia!
Hudson und ich sind nun Mann und Frau, und ich habe dadurch eine ganz neue Familie bekommen. Du und Louisa seid meine neuesten Schwestern, und ich möchte euch sehr gern kennen lernen. Unser Hochzeitstag war großartig. Die Sonne schien herrlich. Ich trug ein graues Seidenkleid, und Hudson trug ein chinesisches Gewand. Er hat noch immer seinen Zopf. Ich fragte mich anfangs, ob ich ihn bitten sollte, das zu ändern, und er wäre auch bereit gewesen, das um meinetwillen zu tun. Aber dann habe ich es mir anders überlegt. Hudson ist Hudson. Ich habe mich in diesen Mann mitsamt seinem Zopf verliebt und will das gar nicht mehr ändern.

Der einzige Kummer bei unserer Hochzeit war, dass meine Freundin, Miss Aldersey, nicht dabei war. Sie ist immer noch der Meinung, ich hätte töricht und selbstsüchtig gehandelt, dass ich Hudson, meinen Liebsten, geheiratet habe.

Unsere Feier nach der Hochzeit war schöner, als wir es erhofft hatten. Der amerikanische Konsul lieh uns seine Sänfte. Das war eine hohe Ehre. Die Sänfte ist ein Gestell, das man benutzt, um die Mitglieder der besseren chinesischen Gesellschaft zu transportieren. Hudson und ich kletterten hinein und wurden von Chinesen getragen.

Wir reisen in den nächsten Tagen in ein Kloster, wo wir ein Gastzimmer gemietet haben. Es liegt in den Bergen, die Ningbo umgeben. Denn wir möchten beide der Sommerhitze entfliehen und unser gemeinsames Eheleben

dort beginnen. Jetzt will Hudson noch schreiben; deshalb möchte ich mich von Dir, liebste Schwester, verabschieden und wünsche Dir allen Segen in Gottes Namen.
In Liebe, Maria

Liebe Amelia!
Maria ist so lieb, wie sie sich anhört. Wir sind überglücklich! Gott hat alle unsere Gebete erhört und die Widerstände überwunden, die uns trennen wollten; wir können uns auf Ihn verlassen. Wir werden wieder schreiben, sobald die Flitterwochen vorüber sind. Amelia, wir beide wünschen Dir alles Gute für Eure eigene Hochzeit. Bis wir uns wiedersehen!
Dein Hudson

Amelia steckte das Tagebuch wieder in die Manteltasche. Sie seufzte: »An vielen Tagen gibt es Augenblicke wie diese – Augenblicke, in denen es mich trifft, dass mein Bruder sein Leben auf der anderen Seite der Welt führt. ›Bis wir uns wiedersehen!‹, schreibt er. Doch wann wird das sein?« Ihr Blick blieb tränenverschwommen, während sie nach Hause ging.

Zunächst genossen Hudson und Maria ihr Leben. Aber das Herzeleid war niemals weit von ihrer Tür entfernt. Marias Schwester Burella starb mit dreiundzwanzig Jahren an der Cholera. Hudsons und Marias erstes Kind kam zwei Monate zu früh zur Welt und – starb. Doch Gottes Liebe stärkte sie.

Dann kam an einem großartigen Sonntagmorgen, am 31. Juli 1859, Grace Dyer-Taylor auf die Welt. Hudson schrieb nach Hause: »Ich habe mich so sehr nach dieser winzigen Miniatur-Ausgabe meiner kostbaren Maria gesehnt, und nun liegt sie in meinen Armen.«

Die kleine Grace brachte Freude in Hudsons und Marias Leben. Sie vervollständigte die Familie.

Diese Neuigkeit sickerte endlich durch die weiten Ozeane und ließ noch eine Mutter über ihr erstes Enkelkind jubeln, während Amelia und Louisa den Gedanken genossen, jetzt »Tante Amelia« und »Tante Louisa« zu sein.

Während dies geschah, wurde Hudson allerdings von seiner jungen Familie getrennt. Das war eine angstvolle Zeit für sie alle. In der Gegend kam es zu heftigen Wutausbrüchen, die zu Aufständen gegen die Fremden führten. Maria konnte man überreden, aus Sicherheitsgründen in ein nahegelegenes Hospital zu fliehen. Sie schrieb Hudson, wie sie dort aufgenommen wurde.

> Mein liebster Hudson,
> Dr. und Mrs. Parker haben Deine flüchtende Frau freundlich aufgenommen. Wann werden wir uns wiedersehen? Ich vermisse Dich! Gott segne Dich, mein geliebter Mann, und Er bewahre Dich vor allem Kummer.

Diese intensiven Gefühle mögen jedem seltsam vorkommen, der nicht die Umstände durchleben musste, die Hudson und Maria durchzumachen hatten. Immerhin haben von zweihundert Männern, die seit 1807 nach China kamen, dort mehr als vierzig ihr Leben verloren. Die Ehefrauen von einundfünfzig dieser zweihundert Missionare kamen ebenfalls um. Gott in China zu dienen, war sehr gefährlich, und Hudson und Maria wussten das.

Hudson musste schließlich größere Verantwortung übernehmen, weil Dr. Parker das Hospital nach dem Tod seiner Frau verließ. Hudson begann da, wo Parker aufgehört hatte, und es machte sich bemerkbar, dass er sich überarbeitete.

Maria war dauernd besorgt wegen seiner abgespannten Erscheinung und seiner Gewichtsabnahme. Die Lage verschlimmerte sich immer mehr. Das Hospital brauchte unbedingt finanzielle Unterstützung. Eines Morgens kam der Koch, um zu melden, er habe jetzt den letzten Sack Reis geöffnet.

Hudson blickte langsam auf und sagte: »Dann muss die Zeit wirklich nahe sein, dass der Herr uns hilft.«

Tatsächlich kam ein Brief. Ein Freund hatte ein Erbe bekommen und sich entschieden, den Taylors zu schreiben:

> Ich werde meinen Lebensstil nicht ändern. Die beigefügten fünfzig Pfund sollen nach eurem Ermessen verwendet werden. Wollt ihr mir bitte mitteilen, wie viel noch gebraucht werden kann?

Hudson und Maria übersetzten den Brief für alle ihre Helfer, und aus allen Ecken des Hospitals erschollen laute Halleluja-Rufe. Die chinesischen Helfer liefen in alle Krankenzimmer und verbreiteten die gute Nachricht. Sie waren gerettet, doch so wie Hiob: nur mit knapper Not (Hiob 19,20). Aber Gottes Zeitplan erwies sich wirklich wieder als vollkommen.

Doch einige Monate später traf in Barnsley ein Brief ein. Mrs. Taylor betete darüber und wusste nicht, ob sie Tränen der Angst vergießen oder vor Freude weinen sollte.

> Es hat sich herausgestellt, dass meine Arbeit meine Zeit und meine Kräfte übersteigt. Ich muss Euch mitteilen, dass meine Gesundheit bereits seit einiger Zeit schwach ist. Ich fühle mich ständig von meiner Arbeit überfordert. Es ist nicht einfach, sein eigener Arzt zu sein. Allerdings meine ich zu wissen, dass meine Brust von Tuberkulose befallen ist. Meine Leber und meine Milz sind auch ange-

steckt. Es könnte sein, dass ich für einige Zeit nach Hause geschickt werde.

Eine unabhängige ärztliche Diagnose wurde angefordert. Die ergab, dass es für Hudson höchste Zeit war, China zu verlassen. Als der Juni des Jahres 1860 kam, beschlossen Hudson und Maria, es sei Zeit, wegzufahren – vielleicht für immer. »Wer weiß, ob wir China jemals wiedersehen werden?«, dachte Maria, als sie sich vorbereiteten, dem Land Lebewohl zu sagen, das sie liebgewonnen hatten und dem sie dienen wollten.

In Barnsley, in Yorkshire, herrschten jedoch ganz andere Gefühle vor, als man von Hudsons und Marias Rückkehrplänen erfuhr.

»Hudson kommt heim! Danke, o Gott, Danke!«

Eine neue Vision

10

Louisa und Amelia rannten den Weg entlang. Ihre Schürzen flatterten im Wind, und dünne Haarsträhnen entschlüpften dabei ihren Haarnadeln, die sie festhalten sollten. Beide waren jetzt ein Stück älter geworden. Hudson war im Jahr 1853 abgereist, und jetzt war das Jahr 1860 gekommen. Nur sieben Jahre waren vergangen; aber es war erstaunlich, welche Veränderungen sieben Jahre bringen können. Amelia stand in den letzten Vorbereitungen für die in einigen Monaten stattfindende Hochzeit. Der einzige Schatten, der auf ihre Pläne fiel, war der Umstand, dass Hudson die Hochzeit – wenn auch nur um einige Monate – verpassen würde. Aber daran war nichts zu ändern. Sowohl Benjamin als auch Amelia hatten lange genug auf ihre Hochzeit gewartet.

Jetzt gingen Louisa und Amelia am Friedhof vorbei in das dichtbewachsene, grüne Waldland. Louisa lächelte. Amelia stand da und reckte ihren Hals, um die blauen Farbtupfer zu betrachten, die das dunkle und smaragdfarbene Grün der Blätter über ihr unterbrachen. Eine Brise wehte, und ihr Klang erinnerte Amelia an Tausende von Stimmen, die ihr friedlich zuflüsterten. Jetzt würde alles gut werden. Hudson kam nach Hause! Sein Brief war heute Morgen angekommen. Die Aufregung war so unvorstellbar, dass Amelia und Louisa einfach hinausgehen und außerhalb ihrer gewohnten Umgebung ihren Gefühlen freien Lauf lassen mussten. Ihre Gedanken wurden wieder klar, während die beiden Taylor-Mädchen durch die Straßen liefen. Jetzt war außer ihrem heftigen Atem alles ruhig, als sie am Fuß einer gewaltigen Eiche standen.

Louisa beobachtete von der Seite her ihre Schwester, die immer noch nach den flimmernden Blättern blickte und dabei begeistert den wechselnden Tönen des Windes lauschte. Sie ließ dabei die Hände über die knorrigen, alten Wurzeln des Eichbaums gleiten.

Amelia lächelte und schlang ihre Arme um die Taille ihrer Schwester – es war ein vollkommener Tag. Was den Tag sogar noch vollkommener für die ganze Taylor-Familie machte, war die Tatsache, dass dies der erste Tag war, an dem die ganze Familie im Glauben an den Herrn vereint war. Gerade eben hatte nämlich Louisa mit Tränen in den Augen und mit erregter Stimme erklärt, sie sei nun auch errettet und möchte Christus nachfolgen. So saßen die beiden Schwestern nun zusammen unter dem alten Eichbaum und fühlten sich näher verbunden als je zuvor. Beide lehnten sich gegen die starke Eiche mit ihrer breiten Krone, deren Äste hoch über ihnen von einer sanften Brise hin und her bewegt wurden.

»Der erste Frühlingstag«, flüsterte Amelia, während sie beide zum Himmel aufblickten.

Dankenswerterweise hatte Louisa noch Zeit genug, einen Brief an Hudson loszuschicken. Der kam gerade da an, als sich Hudson und Maria für die Schiffsreise fertig machten. Hudson hatte mitten in den eiligen Vorbereitungen für die Reise den Jangtse hinunter zum Chinesischen Meer geantwortet.

»Es ist zum Staunen«, sagte er zu Maria, während er eine weitere Kiste packte, die nach England mitgenommen werden sollte. »Louisa war immer ein unabhängiger Mensch. Zwanzig Jahre lang hat sie im Elternhaus das Wort Gottes gehört, und jetzt hat es endlich Frucht getragen. Dem Herrn sei Dank! Jetzt wird es für sie kein Halten mehr geben. Ich habe ihr einen Brief geschrieben. Wenn wir ihn heute noch absenden, kann er vor uns ankommen.«

Maria nahm den Brief und las ihn:

> Vertraue auf den Herrn von ganzem Herzen. Sei zuverlässig und treu. Freu Dich über den Herrn, und Er wird Dir geben, was Du Dir von Herzen wünschst. Lass den Herrn Deinen Weg bestimmen, vertraue auf Ihn, und Er wird Dich führen!

Am 18. Juli 1860 brachen Hudson, Maria und die kleine Grace auf zu einer Reise, die vier Monate dauern sollte. Trotz Durchfall, Wanzen und einem widerwärtigen Kapitän, der das Schreien der kleinen Grace nicht ertragen wollte, kamen sie doch heil und gesund in England an.

Sie brachten einen chinesischen Helfer mit, den sie eingeladen hatten, mit nach England zu kommen. Hudson, Maria, Grace und der chinesische Freund erreichten einen Zug, der sie nach Bayswater in London brachte. Amelias Hochzeit hatte stattgefunden, und hier war nun ihr neues Heim. Welch ein Wiedersehen gab es da!

»HUDSON!«

Er war noch nicht aus der Kutsche gestiegen, als er schon Amelias Freudenschrei hörte. Bevor er wusste, was geschah, hielten ihn zwei junge Frauen fest umklammert; denn Louisa war auch gekommen. Sie beide waren vor Freude so erregt, dass sie gar keine Notiz davon nahmen, dass Hudson immer noch seine chinesische Kleidung und den Zopf trug, der eine unübersehbare Position auf seinem Kopf einnahm. Hudson war endlich wieder zu Hause, und alles andere zählte nicht.

Maria saß freundlich lächelnd dabei und beobachtete, was hier vorging. Das waren also die beiden Frauen, von denen sie schon so viel gehört hatte und die sie schon so gut kannte, nicht nur durch Briefe, sondern auch durch Hudsons Erzählungen. Grace gluckste vor Vergnügen über das, was vor ihr ablief, und bald war Hudson vergessen. Aus Amelia und Louisa wurden zwei vernarrte Tanten.

Louisa zeigte sich leicht geniert über Marias altmodische Kleider und bot ihr bald einen modischen schwarzen Seidenrock mit Krinoline – einem weiten Reifrock – an und ein dazu passendes Jäckchen. Sowohl Amelia als auch Louisa versuchten Hudson dazu zu überreden, dass sein Chinesenkostüm nicht mehr nötig sei. Schließlich willigte er ein. Als dann die Zeit der Familienzusammenführung in Barnsley gekommen war, trug Hudson einen eleganten und modischen Anzug, und Maria sah in ihrem seidenen Krinolinenrock und der dazu passenden Jacke blendend aus.

Als sich endlich die Tür zu der kleinen Apotheke in Barnsley öffnete, um den jungen Mann zu empfangen, der hier vor Jahren hinausgeschritten war, gab es im ganzen Haus kein trockenes Auge, außer bei der kleinen Grace. Sie war ganz lieb und schmiegte sich in die Arme ihrer Großmutter, die sie hielt und hin und her schaukelte – und dabei liebevolle Gebete um Bewahrung über ihrem Köpfchen aussprach. Das war ein Tag, wie Mrs. Amelia Taylor ihn kaum zu erhoffen gewagt hatte!

Bald gab es noch weitere Kinder, die man schaukeln und für die man beten konnte. In jenem April wurde Hudsons und Marias erster Sohn, Herbert Hudson, geboren. In den folgenden Monaten und Jahren gelang es Hudson, ein Vollmitglied des Royal College of Surgeons (Berufsverband der Chirurgen von England und Wales) zu werden. Er verbrachte sogar viele

Stunden damit, ein chinesisches Neues Testament zu überarbeiten, obwohl sein Arzt ihm ausdrücklich sagte, eine Rückkehr nach China werde für mehrere Jahre ausgeschlossen bleiben. Im November 1862 bestand Hudson seine Prüfungen in Geburtshilfe. So konnte er Maria als hochqualifizierter Helfer bei der Geburt ihres zweiten Sohnes Frederick beistehen, der kurz darauf, am 23. November, geboren wurde.

Noch ein weiteres Jahr verging, in dem sie Berichte aus China hörten und sich immer mehr danach sehnten, zurückzufahren, die Arbeit fortzusetzen und den Freunden und Geschwistern beizustehen, die immer noch dort waren. Inzwischen freundeten sich Hudson und Maria mit anderen Christen an. Dazu gehörten Charles Spurgeon und Georg Müller. Dann wurde am 24. Juni 1864 ein dritter Sohn, Samuel, geboren. Das Haus, in dem die Taylors wohnten, war viel zu klein für eine Familie mit vier kleinen Kindern, und darum zogen sie im Oktober jenes Jahres in eine größere Wohnung.

Allerdings stand Hudson kurz davor, eine Entscheidung zu treffen, die sein Leben verändern sollte. Im Jahr 1865 schrieb er ein kleines Buch mit dem Titel *China: Its Spiritual Need and Claims* (China: Seine geistlichen Bedürfnisse und Anforderungen). Darin machte er den Lesern die ungeheure Größe Chinas bewusst:

> Wenn alle Chinesen mit einer Geschwindigkeit von fünfzig Kilometern pro Tag an uns vorübermarschieren müssten und tagein, tagaus, Woche für Woche, Monat für Monat unterwegs wären, würde es mehr als siebzehn Jahre und drei Monate dauern, bis der Letzte vorbeikäme. Können Christen mit verschränkten Armen dasitzen, während diese riesigen Massen umkommen? Wie sagte es Paulus im Römerbrief: »Den Herrn anrufen kann man nur, wenn man an Ihn glaubt. An Ihn glauben kann man nur, wenn

> man von Ihm gehört hat. Von Ihm hören kann man nur, wenn jemand da ist, der die Botschaft von Ihm verkündet. Und die Botschaft kann nur verkündet werden, wenn jemand den Auftrag dazu bekommen hat.«
>
> Was lehrt uns unser Meister? Gilt es nicht, wenn ein Schaf verloren gegangen ist, die neunundneunzig zu verlassen und das Verlorene zu suchen? Aber hier sind die Verhältnisse beinahe umgekehrt: Wir sitzen zu Hause mit dem einen Schaf und kümmern uns nicht um die neunundneunzig, die verloren gehen! Christenleute, erinnert euch an den Befehl unseres großen Feldherrn und Führers: *»Geht hin in alle Welt und verkündigt das Evangelium der ganzen Schöpfung!« (Mk. 16,15).* Denkt an die Millionen und Abermillionen im armen China, denen niemand die frohe Botschaft der Errettung gebracht hat!

Hudson war es klar, dass etwas geschehen musste. Er berechnete, dass es noch elf Provinzen gab, die nie Kontakt mit Missionaren hatten. Diese elf Provinzen brauchten mindestens zweiundzwanzig Missionare, wenn sie vom Evangelium erreicht werden sollten. So überlegte Hudson.

Die ganze Zeit über dachte Hudson daran, dass in China jeden Monat Hunderttausende von Menschen ohne Christus starben. Der auf seinem Gewissen lastende Druck war beinahe unerträglich, und die Anspannung durch seine Sorgen und Unruhe begannen sich auf ihn auszuwirken. Man beschloss, dass er eine Pause nötig habe. Deshalb brachte man Hudson für ein Wochenende zur Erholung nach Brighton, wo er den Gottesdienst einer Gemeinde besuchte. Später schrieb er:

> Es lastet mir schwer auf dem Herzen, dass viele Christen ihre eigene Sicherheit genießen, während Millionen Menschen ohne Jesus Christus sterben.

Gerade dann, während dieser tiefen geistlichen Anfechtungen, durchbrach der Herr Hudsons Unglauben, und er konnte Gott aufs Neue vertrauen.

> Gott kann alle Missionare versorgen, auch wenn dieser Plan eine große Herausforderung mit sich bringt!
>
> Ich sagte dem Herrn, dass alle Verantwortung, was die Belange und Folgen angeht, allein auf Ihm ruhen müsste, und dass ich als Sein Diener Ihm gehorchen und folgen wolle. Es sei Seine Verantwortung, zu lenken, für alles zu sorgen und mich und diejenigen, die mit mir zusammenarbeiten, zu leiten.

Tiefer Friede kam in Hudsons belastetes Herz, und sogleich bat er Gott um vierundzwanzig Mitarbeiter. Zwei für jede der elf Inlandprovinzen, die noch ohne Missionare waren, und zwei für die Mongolei. Während die Brandung auf den Sandstrand von Brighton rollte, zog Hudson seine Bibel heraus und schrieb sein Gebet an den Rand. Er wollte eine Aufzeichnung von diesem Augenblick aufbewahren, auf die er während der kommenden Jahre immer wieder zurückblicken konnte. Für Hudson war das eine Aufzeichnung von der Tatsache, dass er Gott um Hilfe angefleht hatte. Immer, wenn Gott die Hilfe kommen ließ, würde Hudson auf diese kleine Notiz blicken und sich freuen.

Er kehrte erfrischt zurück. Hudson hatte Frieden – er wusste, dass Gott durch die Verkündigung des Evangeliums Sein Reich bauen wird. Bei der ersten Gelegenheit ging Hudson nach London zur County Bank und eröffnete ein Konto unter dem Namen »China-Inland-Mission« (CIM). Die Eröffnungssumme war zehn Pfund. Das war nicht viel, aber – wie Hudson später sagte: »Es waren zehn Pfund und alle Verheißungen Gottes.«

Als Hudson die CIM gründete, stellte er auch einige Regeln auf, die einzuhalten waren: Hudson und Maria waren verantwortlich für die neu Einzustellenden, weil sie die Einzigen waren, die mit China Erfahrungen gemacht hatten. Dafür würde Hudson die neuen Mitarbeiter zuerst in den biblischen Glaubensgrundlagen unterrichten, die sie für den Dienst in China sehr nötig hatten.

Die wichtigste Voraussetzung der Missionare war, dass sie wiedergeborene Christen seien, die sich auf Gott verließen und einer bibeltreuen Gemeinde angehörten. Sie sollten auch bereit sein, die festgelegten biblischen Grundsätze zu teilen.

Den Missionaren wurde kein Gehalt versprochen. Sie sollten vielmehr auf den Herrn vertrauen, der für ihre Bedürfnisse sorgen würde. Alles Geld, das einkam, sollte untereinander aufgeteilt werden. Niemand durfte Schulden machen.

Es sollten keine Spendenaufrufe gemacht werden.

Die Arbeit in China würde nicht durch Heimat-Komitees, sondern von Hudson Taylor selbst oder von anderen Führungspersonen vor Ort geleitet werden. Die Tätigkeiten der Mission müssten systematisch und praktisch sein. Ein umfassender Plan, ganz China mit dem Evangelium von Jesus Christus zu erreichen, sollte erstellt werden.

Um von den Chinesen akzeptiert zu werden, würde das gesamte CIM-Personal chinesische Kleidung tragen und ihre Gottesdienste in Gebäuden halten, die in chinesischem Stil erbaut würden.

Am 26. Mai 1866 gingen Hudson, Maria und die vier Kinder an Bord der *Lammermuir,* um wieder nach China zu fahren. Allerdings nahmen sie diesmal sechzehn Missionare mit. So begann die China-Inland-Mission.

Während das Schiff über die Ozeane segelte, um die Taylors wieder nach China zurückzubringen, hörten viele Besatzungsmitglieder – und außerdem eine Reihe von Passagieren

– die frohe Botschaft von Jesus Christus. Wie ermutigt waren Hudson und Maria, als sie das Wirken Gottes auch hier auf dem Schiff sehen konnten.

Sie wussten, dass die kommenden Monate hart sein würden. Allerdings wussten sie noch nicht, wie hart.

Der Beginn der Schwierigkeiten

11

Die gerade gegründete CIM hatte ihre eigenen Schwierigkeiten. Unstimmigkeiten unter den Missionaren und Argwohn überschatteten ihre Anfangszeit. Tatsächlich wurde die Situation dermaßen gefährlich, dass die Mission zusammenzubrechen drohte, noch ehe sie richtig begonnen hatte. Aber ein schreckliches und tragisches Ereignis änderte das alles bald.

Es begann im August. Die Taylors hatten einen Ausflug in die Berge gemacht, um der großen Hitze zu entfliehen. Grace wollte nicht mehr essen und verlor rapide an Gewicht. Sie klagte über Kopfschmerzen, denen bald hohes Fieber folgte.

In einem Brief war zu lesen: Die Diagnose ist Hirnhautentzündung.

Mrs. Taylor saß im Schaukelstuhl und hielt, während sie hin und her schaukelte, den zerknitterten Brief in ihren faltigen Händen. Sie erinnerte sich an jenen Morgen – das war doch noch gar nicht so lange her! –, als sie das niedliche, pausbäckige Kindchen in ihren Armen wiegte und sich darüber wunderte, dass sie diesen Tag erleben durfte. Kindersterben ist immer eine Tragik, die allerdings nur zu oft in England erfahren wurde, und in China eben auch. Als Mrs. Taylor sich von Grace verabschiedete, wäre ihr doch niemals in den Sinn gekommen, dass sie dieses Kind auf Erden nie wiedersehen würde. Mrs. Taylor stellte sich die kleine Grace krank und in heftigen Schmerzen liegend vor, und ihr kamen die Tränen. Das Fieber hatte das kleine Mädchen angegriffen und machte es verwirrt. Es entzog ihm einfach allen Lebenssaft. Während sie weiterlas, sah sie ihren jungen Sohn, wie er an das Bett seiner Tochter trat, sich zu ihr legte und ihr zuflüsterte: »Ich glaube, Jesus will dich zu sich nehmen. Du fürchtest dich doch nicht, dich Ihm anzubefehlen, nicht wahr?«

Sie wurde wieder richtig froh bei der geflüsterten Antwort ihrer kleinen Enkelin:

»Nein, Papa!«.

Hudson war sich der Risiken bewusst, als er seine Familie in das ungesunde Klima des Fernen Ostens mitnahm. Aber er hatte dem Herrn vertraut, der für sie sorgen würde. Hudson wusste, wie gut sein Gott für sie sorgte. Er wusste, dass sein kleines Mädchen nun für ewig geborgen war, und dafür war er dankbar.

Das Ende kam nur allzu bald. Eine Lungenentzündung kam hinzu, und Grace verlor das Bewusstsein. Hudson blieb an ihrem Bett sitzen und sang ihr geistliche Lieder vor, während Grace immer schwächer wurde. Maria saß auch dabei, über ihre kleine Tochter gebeugt, und wollte sie nicht für den kleinsten Augenblick im Stich lassen. Am 23. August, um 8:40 Uhr, versagte Graces Atem.

Hudson trauerte einige Tage lang still vor sich hin und fragte sich: »Ist es möglich, dass ich den Druck ihrer kleinen Hand nie mehr spüren, das niedliche Gerede ihrer lieben Lippen nie mehr hören und das Strahlen ihrer schönen Augen nie mehr sehen werde? Doch ich weiß, dass sie beim Herrn ist. Darum möchte ich sie niemals wieder hierher zurückhaben.«

Mitten in diesem Kummer ging die Arbeit der CIM voran. Die Missionare entfernten sich von der Küste in Gebiete, die den Westlern kaum bekannt waren. Tatsächlich soll der Tod der kleinen Grace der noch sehr jungen missionarischen Organisation größere Einigkeit gebracht haben. Vielleicht hat diese Tragödie sogar die erbärmlichen Streitigkeiten und die üble Nachrede beendet, die sich seit der Ankunft der neuen, unerfahrenen Missionare ausgebreitet hatten.

Allerdings verursachten die zunehmenden Aktivitäten der CIM Widerstand unter der Bevölkerung. Man fürchtete, die christliche Botschaft, das Evangelium, würde das Gebäude der traditionellen Gesellschaft untergraben und Familien zerstören. Wilde Beschuldigungen wurden gegen die Missionare erhoben. Die Leute beschimpften sie auf offener Straße. Die Missionare setzten ihr Werk fort, obwohl sie manchmal um ihr Leben fürchten mussten. Es muss schwierig gewesen sein, in einer solchen Atmosphäre eine Familie durchzubringen. Hudson und Maria haben gewiss oft Angst gehabt, vor allem, als sie jetzt wieder ein kleines Leben empfangen hatten. Es war Maria, nach ihrer Mutter benannt.

Die derzeitige Situation erreichte allerdings eines Abends, beinahe ein Jahr nach dem Tod der kleinen Grace, ihren Höhepunkt. Hudson musste am Eingang zum Missionsgrundstück Wachen aufstellen, weil die Volksmenge außerhalb der Missionstore in überaus gehässiger Stimmung war. Am 22. August war diese Menschenmenge zu der riesigen Zahl von ungefähr 10 000 angewachsen. Einige waren mit Messern, Speeren und Keulen bewaffnet. Die Lage war verzweifelt und grenzte an Anarchie. Die Yangzhou-Aufstände setzten ein.

»Die fremden Teufel haben vierundzwanzig Kinder gefressen!«, so schrien sie. Die Anklage war völlig gegenstandslos, aber niemand dachte daran, diese zu untersuchen. Die Menge wollte das nur allzu gern hören, und daraus entstand diese Hysterie.

Hudson musste Hilfe holen, als die Menge sich in immer größere Raserei hineinsteigerte. Er betete für seine Familie, bevor er an der Hinterseite des Grundstücks hinauslief. Irgendwie gelangte Hudson auf die Hauptstraße, wo er und sein Freund mit Steinen und Mauerstücken beworfen wurden. Schließlich erreichten sie das Gelände des örtlichen Mandarins, wo sie so laut sie konnten, riefen: »Rette unser Leben! Rette unser Leben!« Das ist der Ruf, den kein Mandarin überhören darf. Schließlich konnten sie ihn davon überzeugen, dass sie keinem Kind irgendein Leid angetan hatten. So wurde auch die Menge beruhigt, und die beiden wurden sicher nach Hause geleitet.

Allerdings fanden sie bei ihrer Ankunft draußen vor dem Haus einen Haufen verbrannten Röhrichts vor. Ihnen war klar, dass man versucht hatte, das Missionsgelände anzuzünden. Es wurde berichtet, dass alle Fremden, die im Haus zurückgelassen waren, ermordet worden seien. Hudson wurde geradezu krank vor Schreck und betete verzweifelt darum, dieser Bericht möge schlimmstenfalls übertrieben sein. Doch als er nach ihnen suchte, war nichts von Maria und den anderen Familienmitgliedern zu finden. Der erhaltene Bericht musste also stimmen!

Amelia schrieb diese aufregenden Tatsachen eines Tages ihrer Mutter:

> Es zeigte sich, dass Maria und die Kinder tatsächlich ganz in Sicherheit waren, trotz des Schreckens, den sie eben durchgemacht hatten. Maria war oben bei Freddy, Bertie, Samuel und der noch so kleinen Maria. Als sie dasaß und Bertie stillte, der damals schon ganz außer sich war vor Angst, rief eine Stimme unter dem Fenster:
>
> »Mrs. Taylor, sie stecken das Haus in Brand! Komm

raus, wenn du kannst, denn wir können euch nicht rausholen!«

Maria öffnete das Fenster und blickte hinab. Da begriff sie, dass der einzig verfügbare Fluchtweg darin bestand, aus dem Fenster zu springen. Maria und die anderen in jenem Zimmer begannen, Matratzen und Bettzeug aus dem Fenster zu werfen, um den Aufprall abzufedern.

»Schnell! Wirf die Kinder nach unten«, rief direkt unter dem Fenster eine trockene, raue Stimme. Einem der Männer war es gelungen, auf das schräge Dach zu klettern, das gerade bis unter das Schlafzimmerfenster reichte. Jemand ergriff Freddie und war schon dabei, ihn hinabzulassen, als Maria stöhnte: »Nein, nimm Bertie zuerst! Er hat solche Angst.« So kam Bertie als Erster an die Reihe, dicht gefolgt von Freddie. Die Kinder wurden von zwei anderen Missionaren so schnell wie möglich aus der Nähe des Hauses weggeführt. Ein Mann mit bloßem Oberkörper schaffte es bis ins Schlafzimmer. Maria sah noch einen anderen Mann, der mit einem Kleiderbündel die Treppe hinablief. Eine Frau riss eilig eine Kiste aus einem Raum nebenan heraus. Aber Maria kümmerte sich nicht darum. Es gab weit wichtigere Dinge, um die sie sich Sorgen machen musste – vor allem das Leben ihrer Kinder und das der Freundinnen und Kolleginnen, die bei ihr waren.

»Hier sind nur Frauen und Kinder!«, rief sie den Eindringlingen entgegen. »Schämt ihr euch nicht, uns so zu bedrängen?!«

Der Mann achtete nicht auf ihre Argumente und begann bei allen anwesenden Frauen und Kindern mit Leibesvisitationen. Das war so demütigend, aber Widerstand hätte ihr Leben kosten können, und so mussten sie sich das gefallen lassen. Eine der jungen Frauen hatte einen Beutel mit Münzen unter ihrem Kleid versteckt, der ihr grobschlächtig fortgerissen wurde. Eine andere trug eine Spange in ihrem Haar, die man ihr herausriss. Marias Trauring wurde auch weggenommen. Zum Glück hatte eine der Frauen noch die Nerven, die kleine Maria aufzunehmen und mit ihr die Treppe hinabzurennen. Ich glaube, in dem ganzen Chaos hatte das niemand bemerkt.

Währenddessen wurde ein Seil aus Betttüchern aus dem Fenster gehängt. Die noch oben waren, wurden sicher hinabgelassen. Nun waren nur noch Maria und zwei weitere Frauen übrig. Aber die Meute wollte sie umbringen. Es war einfach unmöglich zu entkommen.

Der Lärm war unvorstellbar. Alle Wände rings umher brachen von der Hitze des Feuers zusammen. Der Mann mit bloßem Oberkörper griff nach Mr. Rutland, als dieser durchs Fenster steigen wollte, und zog ihn an den Haaren zurück auf das Dach. Mr. Rutland nahm seine Uhr ab, die der Einbrecher haben wollte, und warf sie in die Dunkelheit hinaus. Er hoffte, der Einbrecher werde weglaufen und danach suchen. Stattdessen wurde dieser Mann nur noch wütender; er ergriff einen Ziegelstein und wollte Mr. Rutlands Schädel zertrümmern. Doch Maria griff ein und riskierte ihr eigenes Leben und das des ungeborenen Kindes. (Ja, Mutter, Maria ist wieder schwanger, mitten in all diesem Schrecken!)

Der Einbrecher war abgelenkt, während er anderen Einbrechern zurief, sie sollten hinaufkommen, um ihm zu helfen. In diesem kurzen Augenblick sprang Maria aus dem Fenster, schnell von den anderen gefolgt. Sie landete unglücklich und brach sich den Arm. Doch sie rannte in Sicherheit und war überglücklich, ihre Kinder vorzufinden, die mit weit aufgerissenen Augen und voller Angst, aber wenigstens lebendig, auf sie warteten. Bald danach vertrieben Soldaten den Mob.

> Hudson hatte gedacht, alle seien ermordet worden. Doch als Maria und all die anderen aus ihren Verstecken gekommen waren, war dieser Kummer beseitigt. Gott hatte sie beschützt, und Hudsons kleine Familie war wieder beisammen.
>
> Das Missionshaus war nur noch eine Ruine. Sogar Marias Bibel war in Stücke gerissen worden. Doch als sie die Blätter aufgesammelt hatten, merkten sie, dass keines fehlte!

Mrs. Taylor las den ganzen Brief mit steigendem Entsetzen durch. »Was ist jetzt mit dem ungeborenen Baby?! Eigentlich müsste es jetzt schon zur Welt gekommen sein, aber ich werde erst in einigen Wochen etwas darüber erfahren.«

Am 29. November 1868 wurde Charles Edward in die Taylor-Familie hineingeboren. Die Jahre 1868 und 1869 waren schwierige Jahre für die ganze Familie. Der kleine Samuel litt an Tuberkulose. Mrs. Taylor schrieb an Amelia über Hudsons und Marias Schwierigkeiten und teilte ihr mit, wie sehr sie sich um ihren kleinen Enkel sorgte:

> »Maria und Hudson nehmen ihn bei ihren fortwährenden Reisen überall hin mit, während die anderen bei ihrer Gouvernante bleiben. Allerdings fühlen sich die Zurückgelassenen sehr unsicher und aufgewühlt. Darum werden sie alle leicht krank. Ich weiß nicht, was Hudson und Maria tun sollen, aber die Situation kann gewiss nicht so bleiben.«

Amelia hielt den Brief von ihrer Mutter in der einen Hand, und in der anderen hielt sie einen, den sie von Maria bekommen hatte:

> Hudson und ich sind zu einem Entschluss gekommen. Die Lage ist für die Kinder so schwierig geworden, dass wir uns entschieden haben, sie nach England zurückzuschicken. Herbert und Freddie, Samuel und Maria werden zusammen mit ihrer Gouvernante, Emily Blatchley, China verlassen. Wir machen uns besonders um Samuel große Sorgen. Hier wird er keinen weiteren Sommer überleben …

Amelia hatte Verständnis für diese Entscheidung.

Die Wochen vor der Abreise der Kinder vergingen mit eifrigen Reisevorbereitungen. Samuels Gesundheit aber nahm ganz rapide ab. Es war traurig mitanzusehen, dass sich bei dem Jungen ein Rückfall zeigte, während sich die kleine Familie darauf vorbereitete, die Stadt in Richtung Hafen zu verlassen. Der Kleine, kaum fünf Jahre alt, schaffte es nicht einmal bis zum Schiff; er wurde auf dem Friedhof von Chinkiang begraben.

Der Herr hatte nun schon zwei von Marias Kleinen zu sich genommen. Die Liebe ihres Herrn und Retters Jesus Christus war das Einzige, was die Eltern aufrecht hielt, als sie den übriggebliebenen, weinenden Kindern nachwinkten. Maria, Hudson und das Baby Charles kehrten allein nach Hause zurück.

Monate später kamen die jungen Taylor-Kinder in England an und mussten sich der fremdartigen Routine eines Lebens ohne Eltern anpassen. Zum Glück waren sie bei gut situierten Unterstützern von Hudson und Maria, bei Mr. und Mrs. Berger, untergebracht.

Eines Tages erhielt Amelia einen Brief von Hudson. Während sie durch den Flur ging, riss sie den Umschlag auf und starrte auf die schreckliche Nachricht. »Wie sollen wir das den Kindern beibringen?! Wie furchtbar ist es doch, die eigene Mutter zu verlieren, wenn nicht einmal der Vater da ist, um die Kinder zu trösten!«

Maria war gestorben.

Ein Ende oder ein Neubeginn?

12

Mrs. Taylor schaukelte in ihrem Stuhl hin und her. Maria hatte also die gleiche Krankheit bekommen, die Samuel das Leben gekostet hatte. Sie hatte unter hohem Fieber gelitten. Ihre Schwangerschaft verlief nicht günstig, und das kleine Baby starb nach wenigen Tagen. Von da an wurde alles noch schlimmer – innere Blutungen und die schwere Sommerhitze schwächten Maria. Das einzig Tröstliche für die erst Dreiunddreißigjährige war die Meldung, die Kinder seien sicher und wohlbehalten in Großbritannien angekommen. Das kleine Brüderchen Noel wurde neben seinem Bruder Samuel, nicht weit vom Fluss entfernt, in Chinkiang beerdigt.

Maria war zu schwach gewesen, um an der Beerdigung teilzunehmen. Mrs. Taylor weinte, als sie Hudsons Brief las.

> Sie legte ihren mageren Arm auf den meinen und küsste mich; dann versank sie in einen tiefen Schlaf. Um zwei Uhr nachts brachte ich ihr etwas zu essen und eine Arznei. Dann saß ich bis drei Uhr bei ihr. Als die Sonne aufging, konnte ich erkennen, dass Maria im Sterben lag.
>
> »Mein Schatz«, sagte ich, »weißt du, dass du stirbst?«
>
> »Sterben? Wie kommst du darauf?«, antwortete sie.
>
> »Ich kann es sehen, mein Schatz. Deine Kräfte schwinden.«

»Ist das möglich? Ich empfinde keinerlei Schmerzen, nur große Müdigkeit.«

»Ja, du gehst heim. Du wirst nun ganz bald bei Jesus sein.«

»Es tut mir leid, mein Lieber«, seufzte sie.

»Es tut dir doch nicht leid, zu Jesus zu gehen?«

»Oh nein, das ist es nicht. Du weißt, mein Schatz, dass der Herr Jesus an meiner Stelle für mich starb, damit ich von der Macht Satans errettet werde. Wie sollte ich da bedauern, zu Ihm zu gehen? Aber es tut mir leid, dich in dieser Zeit alleinlassen zu müssen. Doch Er wird bei dir sein und alle deine Bedürfnisse erfüllen.«

Als ihre Kräfte sie verließen und ich merkte, dass ihr Ende nun sehr schnell kommen würde, erlaubte ich allen Freunden, hereinzukommen und sie ein letztes Mal zu sehen. Ich werde nie vergessen, wie sie alle Chinesen, die sie kannte und von denen sie wusste, dass sie den Herrn noch nicht als Retter angenommen hatten, ein letztes Mal grüßte:

»Kommt zu Jesus, und wir werden uns im Himmel wiedersehen!«

Unsere chinesischen Diener und Freunde liebten sie so sehr. Wir alle liebten sie. Sie gab mir einen Kuss für Herbert, Freddie und Maria und eine Botschaft an sie alle. Dann konnte sie nicht mehr sprechen. Sie schlief wieder ein, und als die Nacht hereinbrach, wurde ihr Schlaf leichter und leichter, bis sie von uns schied. Nun ist sie nicht mehr bei uns.

Daraufhin kniete Hudson an ihrem Bett nieder und betete:

Barmherziger Gott, ich danke Dir, dass Du mir meinen Liebling, Maria, gegeben hattest. Ich danke Dir für die

> zwölfeinhalb Jahre des Glücks, die wir zusammen hatten. Ich danke Dir, dass Du sie in Deine gesegnete Gegenwart genommen hast. Amen.

Bald war für Hudson der Augenblick gekommen, für kurze Zeit nach Hause zu fahren. Er musste seine Kinder einmal wiedersehen. Der kleine Charles wurde mit seinen Geschwistern vereinigt. Amelia wuchs immer mehr mit den Taylor-Kindern zusammen. Sie war für sie die geliebte Tante und Mutterfigur. Und sie führte auch weiterhin ihr Tagebuch.

> Ist dies das Ende? Wird Hudson ohne Maria all das sein können, was man von ihm erwartet? Vater im Himmel, Hudson hat sein ganzes Leben für Dich hingegeben. Wenn Du ihn weiter in Deinem Königreich gebrauchen willst, so rüste ihn dazu aus. Sein Leben ist noch nicht zu Ende.

Das stimmte. Die CIM sollte von Kraft zu Kraft fortschreiten. Hudson war wieder mit seinen Kindern vereint und hatte auch wieder geheiratet, eine liebeswerte junge Frau mit Namen Jennie Faulding. Die beiden setzten gemeinsam die Arbeit in China fort. Amelia schrieb:

> Sie haben jetzt eine ganze Schar von Kindern – zehn im Ganzen, und ich liebe sie alle wie meine eigenen. Morgen reist die Taylor-Familie wieder ab nach China. Das Werk muss fortgesetzt werden. Das Werk – das Hudson begonnen hatte, für das Maria starb und das nun Hudson und Jennie fortsetzen sollten – dient dazu, den Herrn Jesus Christus in China zu verherrlichen und Ihn zu den Verlorenen in diesem Land zu bringen. Da gibt es noch so viele, die nie etwas von Christus gehört haben. Da ist noch so

unfassbar viel Arbeit zu leisten. Hudson hat so viel für das Reich Gottes getan, Herr Jesus. Doch ist es nichts, verglichen mit dem, was Du für uns getan hast, indem Du uns die Sünden vergabst, für uns am Kreuz gestorben bist und den Zorn Gottes für uns getragen hast. In der Tat, Hudson betrachtet es als ein Privileg, für den Herrn wirken zu dürfen und die frohe Botschaft zu verkündigen, dass Gott Sünder durch Jesus Christus rettet. Ich erinnere mich noch an die Geschichte, die er von jenem jungen Mann namens Ni erzählte:

Es war an einem heißen Tag, und Hudson hatte im Schatten eines Kirschbaums Platz genommen. Er nippte an einem heißen Tee. Es war Markttag, und in der Stadt war viel los. Einige Leute setzten sich neben ihn. So kam es zwanglos zu einer Unterhaltung. Die Leute wollten unbedingt die Wahrheit hören.

Ein junger Chinese mit Namen Ni näherte sich der Menschengruppe, die Hudson umgab. Dabei merkte Ni, dass dieser Missionar etwas Eigenartiges an sich hatte, wenn auch seine weiten Gewänder und sein langer Zopf ihn weniger fremd und bedrohlich erscheinen ließen. Ni hatte es satt, ein Leben zu führen, das ihm weder Hoffnung noch Herzensfrieden brachte. So hörte er aufmerksam zu, was da bei dampfendem Tee erzählt wurde.

»Du sagst, ich brauche nichts zu tun, als nur an Jesus Christus zu glauben und um Vergebung zu bitten, und dass dein Gott sie mir dann ohne Gegenleistung gebe? Alles nur wegen seines Sohnes, Jesus Christus?«, fragte er erstaunt.

»Ja! Die Bibel sagt uns, dass der Vater aufgrund Seiner Liebe zu uns Seinen Sohn als Opfer für unsere Sünden hingab, und die Liebe des Sohnes zu uns bewegte Ihn dazu, freiwillig für uns zu sterben. Weil Er das getan hat, können wir Vergebung und ein neues Leben bekommen.«

Ni fand das erstaunlich. »Ich habe, solange ich lebe, auf eine solche Wahrheit gewartet.« Dann blickte er ein wenig verwirrt auf und fügte hinzu: »Wie lange kennt man in deinem Land schon diese Wahrheit? Seit wann kennt ihr Jesus Christus?«

Hudson war es sehr peinlich, diesem Menschen sagen zu müssen: »Wir wissen von Jesus schon seit mehreren Jahrhunderten.«

Ni fuhr auf: »Und jetzt erst kommst du, um uns das zu berichten? Mein Vater suchte nach der Wahrheit, doch er fand sie nie. Du kamst für mich rechtzeitig, aber du kamst für ihn zu spät. Er starb im letzten Monat …« Ni seufzte.

Jeder Tag scheint für Hudson ein Abenteuer mit Gott zu bringen. Trotzdem sieht er noch Tausende, die täglich sterben, ohne etwas von Jesus Christus gehört zu haben. Hudson kann nicht stillsitzen und nichts tun, während Menschen umkommen. – Auch ich sollte das nicht machen.

Damit legte Amelia ihr Tagebuch zur Seite. Sie hatte ihre eigene Rolle in diesem großartigen Missionsabenteuer zu spielen. So beugte sie das Haupt und betete.

Einige sagen, Hudson Taylors Abenteuer habe am 3. Juni 1905 geendet, als der Pionier-Missionar seinen letzten Atemzug tat. Andere wiederum meinen, dass da sein Abenteuer erst richtig begann. Aber eins ist sicher: Hudson Taylors Vermächtnis bleibt bestehen. Gott berief Hudson Taylor nach China. Noch heute beruft Er Menschen, um in vielen Ländern ringsum in der Welt für Ihn zu wirken. Wärst du bereit zu einem solchen Abenteuer?

Gedanken über weitere Themen

1. Betest du? Redest du mit Gott? Hudson Taylors Eltern sprachen mit Gott über ihn, sogar schon, bevor er überhaupt geboren war. Kennst du jemanden, der oder die für dich betet? Könntest du dir vorstellen, für jemanden zu beten? Versuch täglich Zeit zu finden, um mit Gott reden zu können. Selbst wenn es nur fünf Minuten wären, in denen du Gott dankst für Seine Schöpfung, Seine Treue, für die Bibel, für deine Eltern, für die Gemeinde und vieles mehr. Lies Psalm 121. Wusstest du, dass Gott niemals schläft? Er hört immer zu.

2. Was ist das Schwierigste beim Erwachsenwerden? Was macht es für einen Unterschied beim Erwachsenwerden, ob du Gott kennst oder nicht? Hudson Taylor hatte als Teenager eine schwierige Zeit – wie fast alle Jugendlichen. Er dachte, dass die Leute ihn nicht verstanden, und er hasste es, gesagt zu bekommen, was er tun sollte. Er wollte sein Leben selbst bestimmen und seine persönlichen Entscheidungen selbst treffen. Aber er hatte noch keine große Lebenserfahrung, um weise Entscheidungen treffen zu können.

   Geht dir das manchmal genauso? Hast du auch das Gefühl, dass niemand dir zuhört? Möchtest du auch eigene Entscheidungen treffen? Denk daran, dass du noch keine so große Lebenserfahrung hast, wie deine Eltern und dass du ihnen von Gott anvertraut bist, um dich zu beschützen und dich zu erziehen.

   Erinnere dich auch daran, dass wir Gott gehorchen sollen. Wir leben äußerst gefährlich, wenn wir es wagen, gegen Gott zu rebellieren, Ihn zu überhören und Seinem

Wort ungehorsam zu sein. Lies Sprüche 19,20; Psalm 81,12-13; Psalm 85,9; Johannes 14,23.

3. Machst du dir über Geld Sorgen? Machst du dir Gedanken, woher du das Geld für die richtige Kleidung nehmen sollst? Geht es manchen Leuten mehr darum, wie du aussiehst, als wer du bist? Hudson Taylor hatte eine erfrischende Haltung dem Geld gegenüber. Er vertraute auf Gott. Er wusste, dass Gott ihm alles geben würde, was er benötigt und gut für ihn ist. Glaubst du, dies auch ausprobieren zu können? Hudson Taylor glaubte auch, dass er so viel Geld wie möglich in das Reich Gottes investieren sollte. Fallen dir irgendwelche Möglichkeiten ein, das zu tun? Wenn du zu wenig Geld hast – was könntest du Gott stattdessen geben? Denke daran, dass Er dein Herz ansieht, und dass es Ihm gleich ist, welcher Gesellschaftsschicht du angehörst – also ob du oder deine Familie reich oder arm ist. Sieh dir diese Verse an und lerne, was Gott über Geld, Kleidung usw. sagt: 1. Samuel 16,7; Matthäus 6,25-34.

4. Hudson und Maria liebten sich sehr, aber mehr noch liebten sie den Herrn, der sie errettet und zu ihrem Dienst berufen hatte. Was meinst du, was göttliche Liebe ist? Schau dir den folgenden Vers an: Römer 5,8.

   Was half Hudson und Maria, Gott weiterzudienen, als ihr kleines Mädchen starb? Stimmt es, dass sie sehr starke Menschen waren? Lies: 5. Mose 7,9; Römer 8,28.

   Lies auch diesen Vers: 1. Petrus 5,7. Ist es nicht großartig, dass Gott für uns sorgt? Was immer auch geschieht, wir wissen, dass Seine Liebe niemals versagt. Lies Psalm 13,6.

5. Hudson Taylor hatte nach vieler Leute Meinung ein sehr trauriges Leben. Er war als Kind krank; die erste Frau, die

er liebte, wollte ihn nicht heiraten. Schließlich starben sein kleines Mädchen, seine Frau und sein Baby. Ist bereits einer, der dir nahesteht, gestorben? Wie hast du dich da gefühlt? Weißt du, dass Gott weiß, wie sich das anfühlt? Gottes Sohn, Jesus Christus, starb am Kreuz. Wenn du dich vor dem Tod fürchtest, solltest du mit Gott darüber reden. Er versteht uns, und Er kann uns helfen. Gott hat versprochen, Seine Kinder zu trösten, wenn sie Ihm ihren Kummer sagen. Er gibt ihnen neue Hoffnung und die Gewissheit, dass sie ihre gläubigen Freunde und Familienangehörigen bei Ihm im Himmel wiedersehen.

Lies die folgenden Verse über den Tod: Psalm 23,4; Psalm 116,8; Sprüche 14,32; Römer 4,25; Römer 8, 32-39; 1. Korinther 15,54-58.

6. Musst du in ein anderes Land fahren oder ein bestimmtes Alter haben, um missionarisch tätig zu sein? Was sagt Gott über Mission? Lies Markus 16,15-16. Was kommt auf den zu, der das Evangelium nicht hört oder nicht an Jesus Christus glaubt? Wenn du schon erkannt hast, dass du ein Sünder bist und glaubst, dass Jesus Christus für Sünder wie dich gestorben ist, um ihnen Vergebung der Sünden zu bringen, wenn du Ihm deine Sünden bekannt und um Vergebung gebeten hast – dann kannst auch du im Reich Gottes tätig sein. Eigentlich hast du dann gar keine andere Wahl, denn die Liebe Christi drängt dich dazu. Außerdem hat Gott dir den Auftrag gegeben, das zu tun! Du liebst Ihn, weil Er dich zuerst geliebt hast und deshalb ist es dein Wunsch, Ihm zu dienen. Überlege dir, wie du das in deinem Leben umsetzen kannst!

Zitate von J. Hudson Taylor

»Wann wird es dem Volk des Herrn klar werden, dass Gottes Befehl, das Evangelium der ganzen Schöpfung zu predigen, nicht für den Papierkorb bestimmt ist?«

»Du brauchst keinen großen Glauben, sondern Glauben an einen großen Gott.«

»Es gibt einen Gott, der zu uns in der Bibel geredet hat; Er meint, was Er sagt.«

»Ist unser Weg dunkel? Gott ist unsere Sonne. Sind wir in Gefahr? Gott ist unser Schild. Ich kenne keine Angst mehr, seit der Herr mich lehrte, dass die Arbeit Seine Sache ist. Meine große Lebensaufgabe ist es, Gott wohlzugefallen. Solange ich mit Ihm im Licht wandle, fühle ich keine Last.«

»Wenn ich nicht mehr lesen kann, wenn ich nicht mehr denken kann, wenn ich sogar nicht mehr beten kann, kann ich noch vertrauen.«

»Hudson Taylor betete, als hinge alles vom Gebet ab, und er arbeitete, als wäre alles von seinem Arbeiten abhängig.«
(Howard Taylor)

Hudson Taylor: Zeitleiste

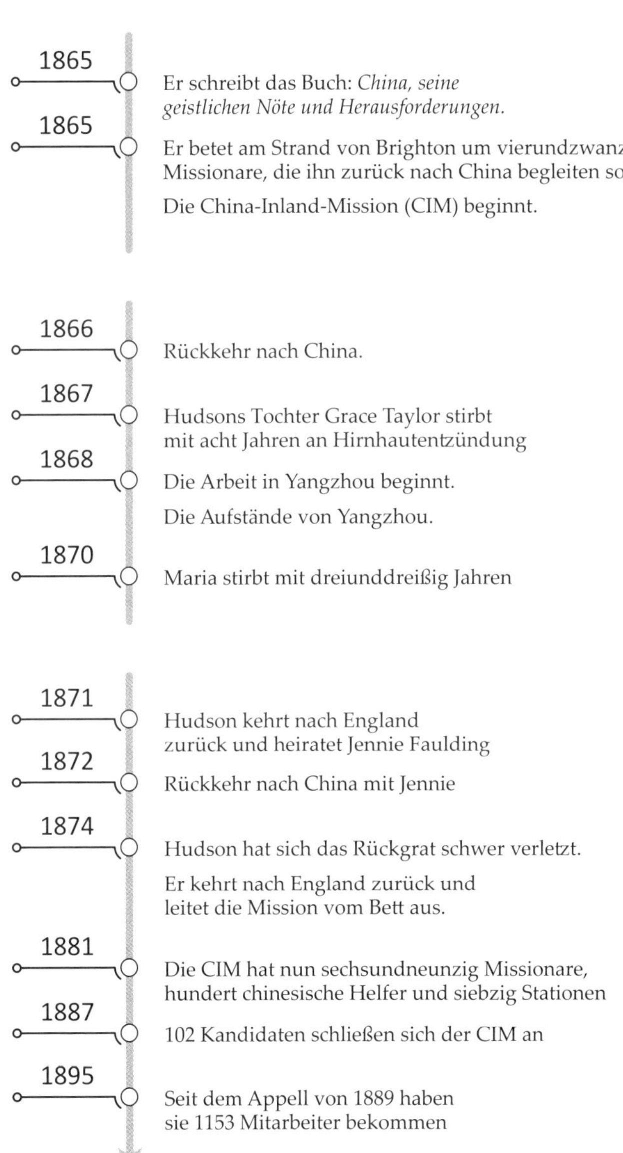
1865
Er schreibt das Buch: *China, seine geistlichen Nöte und Herausforderungen.*
1865
Er betet am Strand von Brighton um vierundzwanzig Missionare, die ihn zurück nach China begleiten sollen.
Die China-Inland-Mission (CIM) beginnt.
1866
Rückkehr nach China.
1867
Hudsons Tochter Grace Taylor stirbt mit acht Jahren an Hirnhautentzündung
1868
Die Arbeit in Yangzhou beginnt.
Die Aufstände von Yangzhou.
1870
Maria stirbt mit dreiunddreißig Jahren
1871
Hudson kehrt nach England zurück und heiratet Jennie Faulding
1872
Rückkehr nach China mit Jennie
1874
Hudson hat sich das Rückgrat schwer verletzt.
Er kehrt nach England zurück und leitet die Mission vom Bett aus.
1881
Die CIM hat nun sechsundneunzig Missionare, hundert chinesische Helfer und siebzig Stationen
1887
102 Kandidaten schließen sich der CIM an
1895
Seit dem Appell von 1889 haben sie 1153 Mitarbeiter bekommen

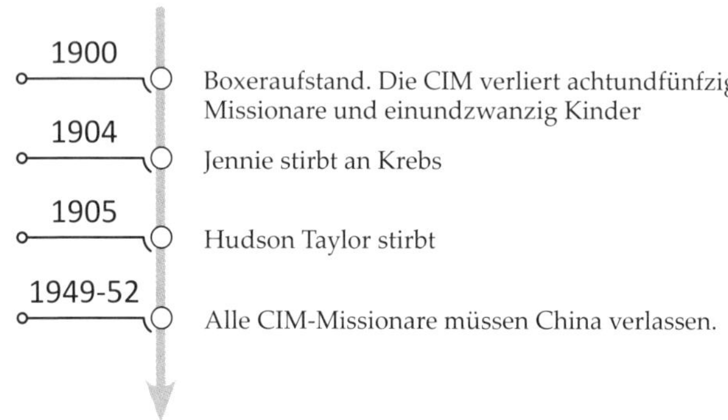
1900
Boxeraufstand. Die CIM verliert achtundfünfzig Missionare und einundzwanzig Kinder
1904
Jennie stirbt an Krebs
1905
Hudson Taylor stirbt
1949-52
Alle CIM-Missionare müssen China verlassen.

DER FÜRST DER PREDIGER – Charles Spurgeon

Bestell-Nr.: 875.431 | *144 Seiten*
ISBN: 9783947102310

DAS FEUER DER REFORMATION – Martin Luther

Bestell-Nr.: 875.432 | *144 Seiten*
ISBN: 9783947102327

RETTERIN BEI NACHT – Amy Carmichael

Bestell-Nr.: 875.433 | *160 Seiten*
ISBN: 9783947102334

DAS LEBEN IST EIN ABENTEUER – Robert M. M'Cheyne

Bestell-Nr.: 875.435 | *152 Seiten*
ISBN: 9783947102358

VOM ARZT ZUM PREDIGER – Martyn Lloyd-Jones

Bestell-Nr.: 875.436 | *152 Seiten*
ISBN: 9783947102365

WEITERE GLAUBENSVORBILDER

Nehmt euch ihren Glauben zum Vorbild!

»Gedenkt eurer Lehrer, die euch das Wort Gottes gesagt haben; ihr Ende schaut an und folgt dem Beispiel ihres Glaubens!« (Hebräer 13,7)

Der Schreiber des Hebräerbriefs fordert die Leser auf, an die geistlichen Lehrer zu gedenken. An die, die das Wort Gottes zu ihnen gepredigt und es gelehrt haben.

»Gedenkt an sie – an ihr Predigen, ihr Beten, ihren Rat, ihr Vorbild. Strebt nach der Gnade des Glaubens, durch den sie so gut lebten und starben. Schaut das Ergebnis ihres Lebenswandels an. Verpflichtet euch, dem gleichen wahren Glauben zu folgen, in dem eure Lehrer euch unterwiesen haben.«

Matthew Henry

Wie dankbar können wir sein, dass in der Vergangenheit viele geistliche Vorbilder gewesen sind. Einige dieser Vorbilder sind in Vergessenheit geraten, andere kennen wir noch. Gewisse Prediger und Autoren sollten wir kennen, und dabei müssen wir ihr Leben anschauen – wie sie Gott bis ans Ende vertrauten – und uns ihren Glauben zum Vorbild nehmen.

Tel: +49 2265 99749-22
www.voh-shop.de